JÖRN-HEIKO KÖRNICH

Das arbeitsgerichtliche Beschlußverfahren in Betriebsverfassungssachen

Schriften zum Sozial- und Arbeitsrecht

Band 35

Das arbeitsgerichtliche Beschlußverfahren in Betriebsverfassungssachen

Von

Dr. Jörn-Heiko Körnich

DUNCKER & HUMBLOT / BERLIN

Gedruckt 1978 bei Buchdruckerei Richard Schröter, Berlin 61
Printed in Germany
ISBN 3 428 04173 9

Inhaltsverzeichnis

Abkürzungsverzeichnis

abl.	=	ablehnend
a. M.	=	anderer Meinung
AP	=	Arbeitsrechtliche Praxis, Nachschlagewerk des BAG, München—Berlin
AR-Blattei	=	Arbeitsrecht-Blattei, Loseblatthandbuch systematischer Darstellungen, Entscheidungen, Gesetzestexte und Kurzberichte für die Arbeitsrechtspraxis, Stuttgart
ArbG	=	Arbeitsgericht
ArbGG 1926	=	Arbeitsgerichtsgesetz von 1926
ArbGG 1953	=	Arbeitsgerichtsgesetz von 1953
ArbuR	=	Arbeit und Recht, Zeitschrift für die Arbeitsrechtspraxis, Köln
ARS	=	Arbeitsrechts-Sammlung, Mannheim—Berlin—Leipzig
BAG	=	Bundesarbeitsgericht
BAGE	=	Entscheidungen des Bundesarbeitsgerichts, Berlin
BArbBl.	=	Bundesarbeitsblatt, Stuttgart—Köln
BayBS	=	Bayerische Bereinigte Sammlung, München
BB	=	Der Betriebsberater, Heidelberg
BetrVG	=	Betriebsverfassungsgesetz
BGB	=	Bürgerliches Gesetzbuch
BGBl.	=	Bundesgesetzblatt
BGH	=	Bundesgerichtshof
BGHSt	=	Entscheidungen des Bundesgerichtshofs in Strafsachen, Berlin
BRG	=	Betriebsrätegesetz
BVerfG	=	Bundesverfassungsgericht
BVerwG	=	Bundesverwaltungsgericht
BVerwGE	=	Entscheidungen des Bundesverwaltungsgerichts, Berlin
DB	=	Der Betrieb, Düsseldorf
DRiZ	=	Deutsche Richterzeitung, Köln
Einf.	=	Einführung
FGG	=	Gesetz über die Angelegenheiten der freiwilligen Gerichtsbarkeit
GG	=	Grundgesetz
Grundz.	=	Grundzüge
GS	=	Gesetzessammlung
HGB	=	Handelsgesetzbuch
h. L.	=	herrschende Lehre
h. M.	=	herrschende Meinung
JW	=	Juristische Wochenschrift, Leipzig—Berlin
JZ	=	Juristenzeitung, Tübingen
LAG	=	Landesarbeitsgericht
lit.	=	litera
NJW	=	Neue Juristische Wochenschrift, München—Berlin—Frankfurt
OLG	=	Oberlandesgericht
OLGE	=	Die Rechtsprechung der Oberlandesgerichte auf dem Gebiet des Zivilrechts, Leipzig
OVG	=	Oberverwaltungsgericht
PersVG	=	Personalvertretungsgesetz
RAG	=	Reichsarbeitsgericht

RArbBl.	=	Reichsarbeitsblatt, Berlin
RdA	=	Recht der Arbeit, München—Berlin
RG	=	Reichsgericht
RGBl.	=	Reichsgesetzblatt
RGZ	=	Entscheidungen des Reichsgerichts in Zivilsachen, Berlin—Leipzig
Rspr.	=	Rechtsprechung
SAE	=	Sammlung arbeitsrechtlicher Entscheidungen, Köln
SGG	=	Sozialgerichtsgesetz
Vbm.	=	Vorbemerkung
VO	=	Verordnung
VwGO	=	Verwaltungsgerichtsordnung
ZBR	=	Zeitschrift für Beamtenrecht, Stuttgart—Köln
ZPO	=	Zivilprozeßordnung

Einleitung

Das Beschlußverfahren ist geregelt im Arbeitsgerichtsgesetz vom 3. September 1953[1]. Diese Regelung dient zwei unabhängigen Gerichtszweigen als Verfahrensordnung, den Arbeitsgerichten in den Fällen des Betriebsverfassungsgesetzes vom 15. Januar 1972[2] und des Mitbestimmungsgesetzes vom 4. Mai 1976[3] sowie den Verwaltungsgerichten in den Fällen des Bundespersonalvertretungsgesetzes vom 15. März 1974[4].

Gegenüber dem gleichfalls im Arbeitsgerichtsgesetz geregelten Urteilsverfahren nimmt das Beschlußverfahren eine nicht geringe Eigenständigkeit ein. Für einen großen Bereich von Verfahrensfragen wird zwar auf die Vorschriften des arbeitsgerichtlichen Urteilsverfahrens verwiesen. Eine vergleichende Untersuchung der dem Beschlußverfahren eigentümlichen Regelungen mit den in bezug genommenen Vorschriften des Urteilsverfahrens läßt jedoch eine Vielzahl nicht geregelter Probleme sichtbar werden[5].

Unvollständig geregelt sind bereits die Voraussetzungen, die an die Einleitung des Verfahrens zu stellen sind. Für die Eröffnung des Beschlußverfahrens wird zwar ein Antrag vorgeschrieben. Die gesetzlichen Bestimmungen lassen aber offen, wer zur Antragsstellung berechtigt sein soll. Nicht beantwortet wird auch die Frage, wer außer dem Antragssteller befugt ist, im einzelnen Fall am Verfahren teilzunehmen. Unvollkommen geregelt ist ferner der Geltungsbereich der das Beschlußverfahren bestimmenden Verfahrensgrundsätze. Insbesondere fehlen Vorschriften darüber, inwieweit die Beteiligten über den Verfahrensgegenstand verfügen dürfen, ob der Antragsteller den Verfahrensgegenstand allein bestimmen, ob er ihn ändern kann und ob die Beteiligten durch Erklärung, das Verfahren habe sich erledigt, oder durch Vergleich, durch Anerkenntnis oder Verzicht das Verfahren beenden können.

In den Vorschriften über das Beschlußverfahren fehlt ferner eine Vorschrift, die bestimmt, wer für die Beschaffung der Entscheidungsgrundlagen verantwortlich ist. Einer Klärung bedarf, ob der Grund-

---

1 BGBl. I, S. 1267 ff.

2 BGBl. I, S. 13 ff.

3 BGBl. I, S. 1153 ff.

4 BGBl. I, S. 693 ff.

5 Vgl. Müller, Beschlußverfahren, S. 24.

satz der Mündlichkeit wie im arbeitsgerichtlichen Urteilsverfahren ein schriftliches Verfahren ausschließt und wie weit der Grundsatz der Öffentlichkeit reicht. Schließlich ist die Frage aufzuwerfen, ob die in den Vorschriften der §§ 80 ff. ArbGG für die Aufklärung des Sachverhalts vorgesehenen Möglichkeiten abschließend geregelt sind oder ob darüber hinaus weitere Aufklärungsmittel wie etwa die — nicht erwähnte — Vernehmung von Beteiligten zulässig sind.

Rechtsprechung und Lehre haben sich bemüht, die aufgezeigten Lücken zu schließen. Dabei begnügte sich das Schrifttum weitgehend mit der Darstellung einzelner Problembereiche. In gleicher Weise konnte die am Fall orientierte Rechtsprechung auch nur zur Klärung von Einzelfragen beitragen.

In der vorliegenden Schrift sollen demgegenüber die im Beschlußverfahren auftretenden Probleme im Zusammenhang behandelt werden. Hierfür wird es erforderlich sein, die Funktion des Beschlußverfahrens im Arbeitsrecht und das Verfahrensmodell, das der Gesetzgeber dem Beschlußverfahren zugrunde gelegt hat, zu ermitteln, da nur durch die Kenntnis der Aufgabenstellung der Gerichte und des vom Gesetzgeber bestimmten Verfahrensmodells eine dogmatisch begründete Antwort auf die einzelnen offenen Fragen gefunden werden kann.

Mit einer systematischen Klärung der im Beschlußverfahren ungelösten Fragen soll einem rechtsstaatlichen Anliegen entsprochen werden. Eine Verfahrensordnung ohne feste Regeln birgt die Möglichkeit unrichtiger Entscheidungen in sich. Ohne eine Verfestigung der im Beschlußverfahren geltenden Grundsätze besteht darüber hinaus die Gefahr, daß Arbeitsgerichte und Verwaltungsgerichte, die unabhängig voneinander dieselbe Verfahrensordnung anzuwenden haben, über gleiche rechtliche Fragen unterschiedlich urteilen und dadurch eine Rechtsungleichheit bewirken.

Der Auseinandersetzung mit der Verfahrensordnung in Betriebsverfassungssachen kommt schließlich deshalb besondere Bedeutung zu, weil Fragen der Betriebsverfassung durch das 1972 in Kraft getretene Betriebsverfassungsgesetz an Bedeutung gewonnen und zur erheblichen Belastung der Arbeitsgerichte beigetragen haben[6].

Für die Darstellung des Beschlußverfahrens werden im folgenden neben den verfahrensrechtlichen Bestimmungen allein die einschlägigen Vorschriften des Betriebsverfassungsgesetzes herangezogen. Die Vorschriften des Personalvertretungsgesetzes können wegen ihrer Besonderheiten gegenüber dem Betriebsverfassungsgesetz nicht ohne

---

[6] Vgl. Dütz, ArbuR 1973, S. 353; Lepke, DB 1977, S. 629, und die dort angeführten Zahlen über das Ansteigen anhängiger Rechtsbeschwerden beim Bundesarbeitsgericht.

weiteres mit berücksichtigt werden. Gesondert konnte aber auf die Bestimmungen des Personalvertretungsgesetzes nicht eingegangen werden, da dies den Rahmen dieser Schrift überschritten hätte.

Die Vorschriften des Betriebsverfassungsgesetzes wurden als materielle Grundlage für die Darstellung des Beschlußverfahrens gewählt, weil der Vorläufer zum heutigen Betriebsverfassungsgesetz, das Betriebsverfassungsgesetz aus dem Jahre 1952, und das Arbeitsgerichtsgesetz unmittelbar nacheinander in Kraft getreten[7] und im Gesetzgebungsverfahren aufeinander abgestimmt worden waren[8]. Eine Orientierung an den Vorschriften des Betriebsverfassungsgesetzes erleichtert daher das Verständnis für die im Beschlußverfahren auftretenden Probleme.

---

7 Das Betriebsverfassungsgesetz trat am 11. Oktober 1952, das Arbeitsgerichtsgesetz am 3. September 1953 in Kraft.

8 Vgl. die Wortgleichheit von § 82 BetrVG 1952 und § 2 Abs. 1 Nr. 4, Abs. 2 und 3 ArbGG.

1. TEIL

Funktion der Gerichte in Beschlußsachen

A. Aufgabenstellung der Gerichte

Die Aufgabenstellung der Gerichte in Beschlußsachen bestimmt sich nach § 80 Abs. 1 ArbGG in Verbindung mit § 2 Abs. 1 Nr. 4 und 5 ArbGG. Nach § 2 Abs. 1 Nr. 4 ArbGG findet das Beschlußverfahren Anwendung auf „Angelegenheiten aus dem Betriebsverfassungsgesetz", soweit nicht zur Verhängung von Strafen und Bußgeld die „Zuständigkeit eines anderen Gerichts gegeben ist".

Das in Bezug genommene Betriebsverfassungsgesetz regelt im wesentlichen die Zusammenarbeit zwischen dem Arbeitgeber und der vor allem durch den Betriebsrat repräsentierten Belegschaft innerhalb einer bestimmten gesetzlich festumrissenen betrieblichen Ordnung[1]. Mit Erteilung der Zuständigkeitskompetenz an die Gerichte in Beschlußsachen „für Angelegenheiten aus dem Betriebsverfassungsgesetz" wird den Gerichten Auftrag erteilt, die nach dem Modell dieses Betriebsverfassungsgesetzes gestaltete Ordnung im Konfliktfalle zu verwirklichen, insbesondere Störungen innerhalb dieser Ordnung zu beseitigen[2].

Der Auftrag des Gesetzgebers an die Gerichte bezieht sich ausschließlich auf die Herstellung der am Betriebsverfassungsgesetz ausgerichteten Ordnung im Betrieb[3]. Für die Beilegung von Streitigkeiten über die Durchführung einer freien, im Betriebsverfassungsgesetz nicht verankerten Ordnung können die Gerichte in Beschlußsachen mithin nicht in Anspruch genommen werden.

Gesteht zum Beispiel ein Tarifvertrag den Gewerkschaften zu, eigene Vertrauensmänner im Betrieb einzusetzen, die mit der Wahrnehmung bestimmter betrieblicher Aufgaben betraut werden, so könnte ein Streit über den im Tarifvertrag festgelegten Umfang dieser Aufgaben nicht vor den Gerichten in Beschlußsachen ausgetragen werden, da das gel-

---

[1] Vgl. Hueck / Nipperdey, 2. Bd., S. 1060 ff.; Nikisch, 3. Bd., S. 2 ff.

[2] h. M. Vgl. BAG 4, S. 268 (271); Dersch / Volkmar, 6. Aufl., § 80, Anm. 1; Etzel, RdA 1974, S. 224; Müller, Beschlußverfahren, S. 28; Söllner, S. 260.

[3] BAG 4, S. 46 (48); BAG, AR-Blattei, Arbeitsgerichtsbarkeit XII, Entscheidungen Nr. 7; vgl. auch Drucksache Reichstag, 3. Wahlperiode, Nr. 2065, S. 25.

tende Betriebsverfassungsgesetz die Institution gewerkschaftlicher Vertrauensmänner nicht vorsieht, ein Streit hierüber keine „Angelegenheit aus dem Betriebsverfassungsgesetz“ beinhaltet.

Durch die Erfüllung der Aufgabe, eine bestimmte betriebliche Ordnung zu sichern, sollen die Gerichte das mit Schaffung des Betriebsverfassungsgesetzes erstrebte Ziel verwirklichen helfen, den Frieden innerhalb der Betriebe zu festigen oder wiederherzustellen[4]. Hierin liegt die Funktion der Gerichte im Beschlußverfahren.

Im folgenden soll auf die dem materiellen Recht immanenten Konfliktsituationen, die nur durch gerichtliches Tätigwerden beigelegt werden können, im einzelnen eingegangen werden.

B. Inhalt der gerichtlichen Tätigkeit in Beschlußsachen

I. Bereich der rechtsprechenden Tätigkeit

Konflikte im betrieblichen Bereich können bereits dadurch entstehen, daß die Anwendung der Bestimmungen des Betriebsverfassungsgesetzes die betrieblichen Parteien vor Schwierigkeiten stellt, die sie durch Verhandlungen nicht mehr überbrücken können.

Werden dem Betriebsrat die Kosten für erforderliche Schulungs- oder Bildungsveranstaltungen nicht erstattet oder dem Betriebsausschuß die Einsichtnahme in die Gehaltslisten verweigert, können *Leistungsansprüche* gegen den Arbeitgeber geltend gemacht werden.

Wenn gestritten wird, ob ein Nebenbetrieb oder ein Betriebsteil selbständig ist oder zum Hauptbetrieb gehört, ob die Wahlberechtigung, die Wählbarkeit eines Arbeitnehmers vorliegt, haben die Gerichte in Beschlußsachen die Vereinbarkeit oder Unvereinbarkeit eines betrieblichen Sachverhalts mit den Bestimmungen des Betriebsverfassungsgesetzes *festzustellen*.

Wird geltend gemacht, daß Wahlen zu betriebsverfassungsrechtlichen Institutionen gegen zwingende Vorschriften verstoßen, Betriebsvertretungen ihre Pflichten nur säumig wahrnehmen oder pflichtwidrig handeln, besteht ein Bedürfnis, daß eine neutrale Instanz nicht nur diesen rechtswidrigen Tatbestand feststellt, sondern zusätzlich rechtskonstitutiv die Folgerungen bestimmt.

[4] Vgl. BAG, AP, § 80 ArbGG, Nr. 2: „Es ist ... stets im Auge zu behalten, daß das arbeitsgerichtliche Beschlußverfahren der Befriedung dient und es verhindern soll, daß in Zukunft wieder ... ein Streit zwischen den Beteiligten entbrennt, der wiederum zur Störung des Betriebsfriedens führen würde.“ Ferner BAGE 3, S. 288 (294); 4, S. 268 (271); AP, § 80 ArbGG, Nr. 3, mit Anm. von Küchenhoff; Wichmann, ArbuR 1974, S. 12.

Mit dieser den Gerichten zugewiesenen Funktion, Wahlen zu den betriebsverfassungsrechtlichen Institutionen für ungültig erklären, Betriebsvertretungen auflösen oder einzelne Mitglieder abberufen zu können, greifen die Gerichte unmittelbar *rechtsgestaltend* in das betriebliche Geschehen ein[5].

Die Beilegung von Streitfällen durch rechtsprechende Entscheidungen bildet den weitaus größten Bereich der gerichtlichen Tätigkeit in Beschlußsachen.

II. Bereich der regelnden Tätigkeit

Bei der Verwirklichung des Betriebsverfassungsgesetzes im Betrieb können Konflikte auch dadurch entstehen, daß die betrieblichen Parteien sich über die Regelung von Tatbeständen innerhalb ihrer betrieblichen Ordnung nicht einigen können. Zur Beilegung dieser Konflikte ist eine neutrale Instanz erforderlich, die nach einem Ausgleich zwischen widerstreitenden Interessen sucht. In diesen Fällen handelt es sich nicht um Rechtsanwendung, sondern um Rechtschaffung, um die Begründung und Gestaltung neuer Rechtsverhältnisse. Im Gegensatz zu den Rechtsstreitigkeiten wird diese Art von Streitigkeiten im Schrifttum allgemein als *Regelungsstreitigkeiten* bezeichnet[6].

Die Beilegung von Regelungsstreitigkeiten gehört nach dem Betriebsverfassungsgesetz grundsätzlich zur Aufgabe der Einigungsstelle (§ 76 BetrVG) als einer Schlichtungsstelle. In gewissen Fällen, so bei der Bestimmung der Größe des Wirtschaftsausschusses gemäß § 107 BetrVG, ist aber auch den Gerichten ein den Regelungsstreitigkeiten eigenes weites Gestaltungsermessen eingeräumt[7]. Da die Größe des Wirt-

---

[5] Vgl. Dietz, Betriebsverfassungsgesetz, 4. Aufl., § 18, Anm. 29: „Das ergibt sich ... schon daraus, daß sie (= die Entscheidung) konstitutive Bedeutung hat und die Beendigung des Amtes herbeiführt.“

Ferner Dietz / Nikisch, Vbm. § 80, Anm. 17.

[6] Zum ersten Mal von Jacobi, S. 19, 148, den Rechtsstreitigkeiten gegenübergestellt. Vgl. auch Bötticher, Festschrift für Lent, S. 89 ff.; derselbe, Festschrift für Hueck, S. 145 ff. (160); ferner Hueck / Nipperdey, 2. Bd., S. 1918; Neumann-Duesberg, S. 419, 451.

[7] Nach AG Lörrach, ArbuR 1954, S. 254 ff.; Fitting / Kraegeloh / Auffarth, § 68, Anm. 2; Galperin, BB 1954, S. 746; Hueck / Nipperdey, 2. Bd., S. 1460, Fußnote 10; Leser, ArbuR 1955, S. 19 (23); Mendigo, Anmerkung zum Urteil des AG Lörrach, handelt es sich bei der Bestimmung der Größe des Wirtschaftsausschusses um regelnde Tätigkeit. Das AG Lörrach und Mendigo hielten unter Geltung des Betriebsverfassungsgesetzes 1952 die an sich für Regelungsstreitigkeiten zuständige Einigungsstelle für entscheidungsberechtigt. Diese Auffassung widersprach dem alten Wortlaut des § 2 Abs. 1 Nr. 4 lit. b ArbGG, der den Arbeitsgerichten „die Entscheidung über ... die Zusammensetzung des Wirtschaftsausschusses“ überträgt, und findet auch heute im § 2 Abs. 1 Nr. 4 ArbGG n. F. keine Stütze. So die h. M.; vgl. Dietz, Betriebsverfassungsgesetz, ab 2. Aufl., § 68, Anm. 3; Fitting / Auffarth / Kaiser, § 106, Anm. 6; Hueck / Nipperdey, ebd.; Thon, ArbuR 1953, S. 257 (260).

schaftsausschusses nicht an enumerierte tatbestandliche Voraussetzungen geknüpft ist — zu denken wäre an eine gesetzliche Bestimmung, die die Besetzung des Wirtschaftsausschusses von der Größe des Unternehmens abhängig macht —, ist den Gerichten bei der Bestimmung der zahlenmäßigen Zusammensetzung des Wirtschaftsausschusses eine kognitive, durch Auslegung und Subsumtion gewonnene Entscheidung nicht möglich. Die Gerichte haben sich stattdessen um eine Synthese zwischen den widerstrebenden Interessen zu bemühen.

Auch die Entscheidung über die Zahl der Beisitzer einer Einigungsstelle gehört zu diesem Bereich[8]. Das Arbeitsgericht hat ferner in einigen Fällen, in denen die Tätigkeit betriebsverfassungsrechtlicher Institutionen Gegenstand einer Auseinandersetzung ist, strittige Sachverhalte zu regeln. Bei fehlender Einigung des Arbeitgebers und des Betriebsrates bestimmt das Gericht nach § 40 BetrVG, welche Räume und sachlichen Mittel für die Sitzungen des Betriebsrats, die Sprechstunden und laufende Geschäftsführung bereitzustellen sind[9]. Auch in diesem Fall handelt es sich nicht um eine Rechtsstreitigkeit, die nach bestimmten subsumierbaren Voraussetzungen entschieden werden könnte. Das Gericht soll vielmehr von sich aus geeignete Regelungen finden und die Auffassungen des Arbeitgebers und des Betriebsrats zusammenführen.

III. Bereich der verwaltenden Tätigkeit

Um die Funktionsfähigkeit der betrieblichen Verfassung gemäß dem Betriebsverfassungsgesetz aufrechtzuerhalten, kann es sich schließlich als notwendig erweisen, daß eine übergeordnete neutrale Instanz anstelle einer betriebsverfassungsrechtlichen Institution die im Gesetz vorgeschriebenen Handlungen vorzunehmen hat. Derartige Konfliktsituationen können sich dadurch ergeben, daß betriebsverfassungsrechtliche Institutionen nicht willens oder nicht imstande sind, die ihnen nach dem Betriebsverfassungsgesetz zukommenden Aufgaben wahrzunehmen.

Ein solcher Fall liegt vor, wenn nach § 16 BetrVG der Wahlvorstand zu bestellen ist, weil der hierfür zuständige Betriebsrat seiner Verpflichtung nicht nachgekommen ist oder infolge gerichtlicher Auflösung hierzu nicht mehr imstande ist. Übernimmt das Gericht die Aufgabe des Betriebsrates und bestellt den Wahlvorstand, so übt es keine rechtsprechende Tätigkeit aus, weil die Auswahl der Mitglieder eines Wahlvorstandes sich — von der gesetzlich festgelegten Zahl abgesehen —

[8] Vgl. Dersch / Volkmar, 6. Aufl., § 80, Anm. 1.

[9] Fitting / Auffarth / Kaiser, § 40, Anm. 23; Galperin / Löwisch, § 40, Anm. 43.

einer rechtlichen Beurteilung entzieht. Das Gericht nimmt auch keine regelnde Tätigkeit wahr, da hier regelmäßig kein Streit oder Interessengegensatz zwischen mehreren Stellen zu „regeln“ ist. Indem das Gericht die Aufgabe des Betriebsrats übernimmt, also „handelt“, nicht „entscheidet“, greift es *verwaltend* in das betriebliche Geschehen ein[10].

Der Bereich dieser Aufgaben ist allerdings nicht groß.

Zur verwaltenden Tätigkeit ist ferner zu rechnen, wenn die Gerichte den unparteiischen Vorsitzenden einer Einigungsstelle bestellen, § 76 BetrVG[11]. Aber auch die Androhung und Verhängung von Geldbußen als nicht-kriminelle „Ordnungsstrafen“ können hierzu gerechnet werden (§ 121 BetrVG).

---

[10] Vgl. Dersch / Volkmar, 6. Aufl., § 2, Anm. 160.
[11] Dersch / Volkmar, 6. Aufl., § 80, Anm. 1.

2. TEIL

Verfahrensmodell

Im Rahmen der Erfüllung der den Gerichten innerhalb des Betriebsverfassungsgesetzes zugewiesenen Aufgaben werden sie in der im vorangegangenen gezeigten Weise rechtsprechend, regelnd und verwaltend tätig. Die Erfüllung der gesetzlichen Aufgaben verlangt daher im prozessualen Bereich eine Verfahrensordnung, in der sich die Regeln für dieses zum Teil sehr unterschiedliche gerichtliche Handeln vereinigen lassen.

Im ersten Teil dieses Kapitels soll aus einer Untersuchung der gesetzlichen Bestimmungen das Verfahrensmodell entwickelt werden, das der Gesetzgeber dem Beschlußverfahren zugrunde gelegt hat. Im zweiten Teil soll der Charakter dieses Verfahrensmodells näher untersucht werden.

A. Ausgestaltung

Bei der Ausgestaltung des Verfahrensmodells stellte sich mithin dem Gesetzgeber das Problem, eine Verfahrensordnung zu schaffen, die den Gerichten die Möglichkeit gibt, einerseits rechtsprechende, dem arbeitsgerichtlichen Urteilsverfahren vergleichbare Entscheidungen zu treffen, andererseits aber auch regelnd oder sogar verwaltend tätig zu werden. Nach dem Inhalt der Aufgaben hätte es nahe gelegen, mit der Erfüllung der einzelnen Verfahrensziele eigene Instanzen zu betrauen. Die Wahrung der rechtsprechenden Tätigkeit hätte durch Gerichte, die der regelnden Tätigkeit ausschließlich durch Schiedsstellen und die Ausführung der verwaltenden Tätigkeit durch Arbeitsbehörden vorgenommen werden können. Jeder dieser Instanzen wäre ein Vorgehen nach ihrer eigenen, der besonderen Aufgabenstellung entsprechenden Verfahrensweise eigentümlich gewesen. Dem Gesetzgeber kam es aber darauf an, wohl nicht zuletzt im Hinblick auf die weithin geforderte Überschaubarkeit *gerichtlicher Zuständigkeiten*[1], die Regelung aller dieser Aufgaben nur einer Entscheidungsbehörde, den Arbeitsgerichten, zuzuweisen.

---

[1] Vgl. Barth, DRiZ 1966, S. 105; Schieler, DRiZ 1967, S. 228 (229).

Bei der Ausgestaltung eines gerichtlichen Verfahrens liegt den Entscheidungen des Gesetzgebers ein bestimmtes Denkmodell zugrunde, aus dem heraus er Einzelregelungen trifft. Bei der Ausgestaltung des arbeitsgerichtlichen Urteilsverfahrens zielte der Gesetzgeber auf eine Nachbildung des Zivilprozesses, der von der Gegnerschaft zweier, in der Gestaltung des Verfahrensgegenstandes freier Parteien bestimmt ist[2]. Anders verhält es sich in dem der Freiwilligen Gerichtsbarkeit zugrundeliegenden Verfahrensmodell, wo die Dispositionsbefugnis der Beteiligten in stärkerem Umfang eingeengt ist[3].

Ein für das Beschlußverfahren zu entwickelndes Verfahrensmodell war daher so zu gestalten, daß es mit genügender Elastizität ausgestattet den Gerichten ermöglicht, die nach dem Betriebsverfassungsgesetz unterschiedlichen Aufgaben sachgerecht wahrzunehmen.

Die Vorstellungen des Gesetzgebers werden in der zentralen Vorschrift des § 81 ArbGG am stärksten deutlich. § 81 ArbGG schreibt vor, daß „das Verfahren nur auf Antrag eingeleitet wird" und daß der „Antrag jederzeit zurückgezogen" werden kann, worauf „das Verfahren vom Vorsitzenden des Arbeitsgerichts einzustellen ist".

Die Bestimmung zeigt, daß die Beteiligten darüber zu entscheiden haben, ob die Gerichte in Beschlußsachen tätig werden sollen. Durch ihren Antrag beauftragen sie das Gericht, das Verfahren einzuleiten. Durch die jederzeit zulässige Rückziehung können sie dem Gericht die Grundlage für eine Entscheidung wieder entziehen.

Diese verfahrensrechtliche Regelung trägt dem materiellrechtlichen Grundsatz Rechnung, daß die Verwirklichung des Betriebsverfassungsgesetzes in den Betrieben vom Gesetzgeber nicht zu einem öffentlichen Anliegen erklärt worden ist mit der Folge, daß seine Realisierung im Betrieb von einer außerbetrieblichen Instanz, z. B. einer staatlichen Überwachungsbehörde, erzwungen werden kann[4]. Es war daher auch folgerichtig, daß es der Gesetzgeber den für die Durchführung des Betriebsverfassungsgesetzes allein zuständigen Beteiligten überlassen hat, die Gerichte anzurufen, um mit ihrer Hilfe die im Betriebsverfassungsgesetz vorgesehene Ordnung zu verwirklichen.

---

[2] Vgl. Drucksache Reichstag, 3. Wahlperiode, Nr. 2065, S. 34; BAG, AR-Blattei, Arbeitsgerichtsbarkeit XII, Entscheidungen Nr. 5; Dersch / Volkmar, 6. Aufl., § 80, Anm. 1.

[3] Vgl. Stein / Jonas / Schönke / Pohle, Bem. III 1, vor § 1; Wach, Handbuch, 1. Bd., S. 47, 53.

[4] Vgl. demgegenüber die irreführende Formulierung in § 1 BetrVG: „In den Betrieben werden Betriebsräte gewählt." Es gibt jedoch nur betriebsratsfähige, nicht betriebsratspflichtige Betriebe. Vgl. Neumann-Duesberg, S. 239: „Es gibt keine errichtungspflichtigen Betriebe im Sinne eines Errichtungszwangs." Dazu Frey, ArbuR 1965, S. 333.

Für die Vorstellung des Gesetzgebers über das Verfahrensmodell, nach dem das Beschlußverfahren abgewickelt werden soll, ist ferner aufschlußreich, daß § 81 ArbGG als einzige Vorschrift eine Aussage darüber enthält, inwieweit die Beteiligten auf den Verfahrensablauf einwirken können. Den Beteiligten wird danach im Gesetz lediglich eingeräumt, das Verfahren durch Stellen eines Antrags ingangzusetzen und durch die Rückziehung des Antrags wieder zu beenden[5]. Über die Zulässigkeit weiterer Gestaltungsrechte, wie sie die Streitige Zivilgerichtsbarkeit in den Rechtsinstituten des Anerkenntnisses, Verzichts, Vergleichs und der Erledigungsanzeige bereitstellt, enthalten die Bestimmungen über das Beschlußverfahren keine Angaben.

Diese zurückhaltende Regelung der Gestaltungsrechte der Beteiligten durch den Gesetzgeber kann damit begründet werden, daß die Gerichte ihrer Funktion nach in Beschlußsachen ausschließlich die im Betriebsverfassungsgesetz bestimmte Ordnung zu verwirklichen haben. Unvereinbar hiermit wäre, wenn die Gerichte an prozessuale Handlungen der Beteiligten gebunden werden würden, die wie im Falle eines Anerkenntnisses oder Verzichts die Möglichkeit einer vom Betriebsverfassungsgesetz abweichenden Entscheidung oder Regelung in sich schließen[6].

Die gleiche Zurückhaltung hat im Hinblick auf das Vorbringen der Beteiligten zu gelten. Es bestünde die Gefahr, daß die Gerichte auf Grund unrichtigen Sachverhaltsfeststellungen Entscheidungen treffen müßten, die der Verwirklichung des Betriebsverfassungsgesetzes innerhalb des Betriebes nicht entsprechen würden[7].

Dies alles stand auch dem Aufbau eines kontradiktorischen Verfahrensmodells im Beschlußverfahren entgegen[8].

Das Gericht hat im Interesse der Verwirklichung des Betriebsverfassungsgesetzes im Betriebe den ihm vorgelegten Antrag in jedem Fall zu beurteilen, gleichgültig, ob der Antrag auf eine Gegnerschaft trifft[9].

---

[5] Eingeleitet oder beendet wird das Verfahren allerdings erst durch eine hierauf gerichtete Handlung des Gerichts. Da das Gericht — von einem minimalen formellen Prüfungsrecht abgesehen — auf den Antrag das Verfahren einleiten und auf die Rückziehung einstellen muß, handelt es sich um einen Formalakt des Gerichts, dem im Ergebnis klarstellende Bedeutung über Verfahrensbeginn und Verfahrensende zukommt. Ob der Gesetzgeber durch diese Regelung — die an einen Eröffnungs- und Einstellungsbeschluß im Strafprozeß erinnert — die fehlende Möglichkeit der Beteiligten, unmittelbar auf das Verfahren einzuwirken, andeuten wollte, kann nur vermutet werden. In diesem Sinne aber BAG, AP, § 81 ArbGG, Nr. 9; Herschel, BB 1953, S. 862.

[6] Vgl. dazu Ausführungen im 5. Teil, A., 5., im einzelnen.

[7] Vgl. Ausführungen im 5. Teil, B., im einzelnen.

[8] Dersch / Volkmar, § 80, Anm. 1.

[9] Vgl. Hueck / Nipperdey, 1. Bd., S. 977; Dersch / Volkmar, 6. Aufl., § 80, Anm. 1; Wichmann, ArbuR 1974, S. 12.

Dementsprechend hat der Gesetzgeber die Berechtigung, am Verfahren beteiligt zu werden, auch nicht von der subjektiven Einstellung der Beteiligten zum Antrag, mithin vom Interesse am Verfahrensgegenstand, abhängig gemacht. Nach § 83 ArbGG bestimmt sich die Teilnahmeberechtigung nach objektiven, im materiellen Recht liegenden Voraussetzungen. Entscheidend ist nicht, ob die betreffende Person oder „Stelle“ sich von dem Antrag betroffen fühlt, sondern ob sie „nach dem Betriebsverfassungsgesetz und den dazu erlassenen Rechtsverordnungen im Einzelfalle beteiligt ist“ (§ 83 Abs. 1 Satz 1 ArbGG).

Der Gesetzgeber ist mithin von einem bestimmten Verfahrensmodell ausgegangen, das sich wie folgt charakterisieren läßt:

Von einem Antragsteller wird eine bestimmte betriebskonstitutionelle Frage zur Entscheidung des Gerichts gestellt. Zur Entscheidung dieser Frage wird das Verfahren vom Gericht eröffnet. Die nach den betriebsverfassungsrechtlichen Vorschriften im einzelnen Falle beteiligten Personen und Stellen können dem Verfahren beitreten, aber wie auch der Antragsteller nicht selbst in das Verfahren eingreifen. Das Gesetz gibt dem Antragsteller allein die Möglichkeit, durch Rücknahme seines Antrages den Gerichten den Auftrag und die Ermächtigung, über die aufgeworfene Frage zu entscheiden, wieder zu entziehen.

Diese Ausgestaltung des Verfahrens vereinbart die vom Gesetzgeber im Betriebsverfassungsgesetz getroffene Entscheidung, daß die Verwirklichung der betriebsverfassungsrechtlichen Ordnung von einer außerbetrieblichen Instanz nicht erzwungen werden kann, mit der sich aus ihrer Funktion ergebenden Verpflichtung der Gerichte, nur die vom Gesetz gewollte betriebsverfassungsrechtliche Ordnung zu verwirklichen. Dieses für das Beschlußverfahren maßgebende Verfahrensmodell muß notwendig auch bei der Beurteilung verfahrensrechtlicher Einzelfragen von Bedeutung sein.

B. Rechtssystematische Charakterisierung

Nach Darstellung des für das Beschlußverfahren geltenden Verfahrensmodells wird die Frage nach dem rechtlichen Charakter dieser Verfahrensweise gestellt. Der Wert dieser rechtssystematischen Charakterisierung liegt in der Möglichkeit, Gemeinsamkeiten zwischen Beschlußverfahren und anderen eingehender kodifizierten Verfahrensordnungen festzustellen, um auf diese Weise ein Feld für analoge Betrachtungen zu gewinnen.

Mit dem Beschlußverfahren ist eine Verfahrensordnung entwickelt worden, die sich einer einfachen Zuordnung zu einer der herkömmlichen gerichtlichen Verfahrensweisen entzieht. Der Gesetzgeber des Arbeitsgerichtsgesetzes von 1953 hat von einer rechtlichen Einordnung des Beschlußverfahrens abgesehen, obwohl ihm der Theorienstreit, der im Hinblick auf die im wesentlichen gleichlautenden Bestimmungen des Arbeitsgerichtsgesetzes vom 23. 12. 1926[10] entstanden war[11], bekannt gewesen sein muß. Der Gesetzgeber hat die Bezeichnung dieser Verfahrensordnung allein nach der Form der in diesem Verfahren zu treffenden gerichtlichen Entscheidung — Beschluß — gewählt und diese Verfahrensordnung im 3. Teil des Arbeitsgerichtsgesetzes unter dem 2. Abschnitt gleichwertig neben das arbeitsgerichtliche „Urteilsverfahren" gestellt. Eine Untersuchung des rechtlichen Charakters des Verfahrens wird dadurch erschwert, daß das Beschlußverfahren Elemente mehrerer Verfahrensarten enthält, was auf die unterschiedliche Weise zurückzuführen ist, in der die Gerichte tätig werden müssen.

I. Die verschiedenen Auffassungen

Die zur Rechtsnatur des Beschlußverfahrens vertretenen Auffassungen sollen zunächst ohne kritische Würdigung nebeneinander gestellt werden.

1. Beschlußverfahren als ein Verwaltungsverfahren

Nach einer vereinzelt vertretenen Auffassung handelt es sich bei dem Beschlußverfahren um ein Verwaltungsverfahren in Arbeitssachen[12]. Danach ist das Beschlußverfahren „den Arbeitsgerichten zugewiesen, weil andere für die in Betracht kommende Tätigkeit geeignete Arbeitsverwaltungsbehörden nicht vorhanden" seien[13].

In Anlehnung an diese Auffassung wird auch die Meinung vertreten, daß das Beschlußverfahren dem sogenannten „Verwaltungsverfahren" gleichzustellen sei, wie es in den §§ 54 Abs. 3, 115 des Preußischen Landesverwaltungsgesetzes (LVG) vom 30. 7. 1883[14] normiert worden war[15].

---

[10] RGBl. I, S. 507.

[11] Vgl. statt anderer Dersch / Volkmar, 4. Aufl., § 80, Anm. 1; Jacobi, S. 290.

[12] So Kauffmann, ArbuR 1954, S. 1, der gleichzeitig auf die Verbindung zum FGG hinweist. Ferner Reuscher, BB 1949, S. 422; Rewolle, ArbuR 1959, S. 175.

[13] So Flatow / Joachim, vor § 80, Anm. 1, der allerdings trotz dieser Formulierung von einer „freiwilligen Gerichtsbarkeit in Arbeitssachen" spricht. Ferner Kauffmann, ebd.

[14] GS 1883, S. 165.

[15] Reuscher, ebd.

2. Beschlußverfahren als ein Verfahren der Verwaltungsgerichtsbarkeit

Nach einer zur Zeit des Arbeitsgerichtsgesetzes von 1926 weit verbreiteten Auffassung unterfällt die Tätigkeit der Arbeitsgerichte in Beschlußsachen der Verwaltungsgerichtsbarkeit[16]. Die Zugehörigkeit zur Verwaltungsgerichtsbarkeit ergebe sich, wie die Vertreter dieser Auffassung anführen, daraus, daß die betriebsverfassungsrechtlichen Streitigkeiten dem öffentlichen Recht angehörten.

Zu dieser Annahme gelangte man im Hinblick auf das in Art. 165 der Weimarer Verfassung entworfene Programm einer Arbeitsverfassung, das als Verfassungsrecht dem öffentlichen Recht zugeordnet war und als dessen Teil man das damals geltende Betriebsverfassungsrecht zählen wollte[17]. Dementsprechend wurden die Betriebsräte rechtlich den öffentlich-rechtlichen Vertretungsorganen des Handels, der Landwirtschaft und des Handwerks gleichgestellt.

Diejenigen Autoren, die unter der Geltung des Grundgesetzes das Beschlußverfahren der Verwaltungsgerichtsbarkeit zuordnen, führen zur Begründung ihrer Auffassung an, daß das von den Gerichten im Beschlußverfahren anzuwendende Recht, das Betriebsverfassungsgesetz und die dazu ergangenen Rechtsverordnungen, Teil der Sozialverfassung und damit der Staatsverfassung sei[18].

3. Beschlußverfahren als ein Verfahren der Streitigen Gerichtsbarkeit

Nach einer heute weit verbreiteten Meinung ist das Beschlußverfahren ähnlich wie das Aufgebotsverfahren oder das Entmündigungsverfahren als eine besondere Verfahrensform der Streitigen Gerichtsbarkeit anzusehen[19]. Diese Auffassung beruht auf der Annahme, daß die Streitigkeiten aus dem Betriebsverfassungsrecht dem Privatrecht

---

16 Depène, § 80, Anm. I; Dersch / Volkmar, 4. Aufl., § 2, Anm. 22; Feig / Sitzler, § 93, Anm. 2; Flatow / Kahn-Freund, § 93, Anm. 3 a; Flatow / Joachim, § 80, Anm. 3; Kaskel, S. 33; Kaskel / Grote, S. 255; Kaskel / Dersch, 5. Aufl., S. 395; Mansfeld, § 93, Anm. 1.

17 Vgl. RAG, ARS 6, S. 407, und statt anderer Anschütz, Art. 165, Anm. 2.

18 Vgl. BGH, BB 1955, S. 407; Dietz, Betriebsverfassungsgesetz, § 32, Anm. 14, und § 82, Anm. 3, der folgerichtig in erster Linie die Grundsätze der VwGO auf das Beschlußverfahren übertragen will; ders. NJW 1953, S. 1492; Dietz / Nikisch, § 80, Vbm. 7; Dietz / Richardi, § 33, Anm. 26. Abschwächend gegenüber der in früheren Auflagen vertretenen Auffassung. Kaskel /Dersch, 5. Aufl., S. 308; ferner Schnorr von Carolsfeld, S. 495: „eine Art Verwaltungsrechtspflege auf der Betriebsebene."

19 Hueck / Nipperdey, 1. Bd., 7. Aufl., S. 882: „eher zur Streitigen Gerichtsbarkeit als zur Freiwilligen Gerichtsbarkeit"; Nikisch, 1. Aufl., S. 454; Siebert, RDA 1959, S. 169; Wiese, S. 101 ff., mit ausführlicher Begründung.

zuzurechnen seien. Die Zugehörigkeit zur Streitigen Gerichtsbarkeit — und damit die Ablehnung einer Zuordnung des Beschlußverfahrens zur Freiwilligen Gerichtsbarkeit — wird im einzelnen damit begründet, daß im Beschlußverfahren die gleichen Gerichtsorgane wie für das Urteilsverfahren zuständig sind, daß es sich im Beschlußverfahren ganz überwiegend um Rechtsstreitigkeiten handelt und daß das Beschlußverfahren, wie die umfangreiche Verweisung auf Vorschriften des arbeitsgerichtlichen Urteilsverfahrens im § 80 Abs. 2 ArbGG erkennen läßt, sich stark an das arbeitsgerichtliche Urteilsverfahren anlehnt.

4. Beschlußverfahren als ein Verfahren der Freiwilligen Gerichtsbarkeit

Nach einer weiteren, bereits unter der Geltung des Arbeitsgerichtsgesetzes von 1926 vertretenen Auffassung stellt das Beschlußverfahren demgegenüber eine besondere Art Freiwilliger Gerichtsbarkeit in Arbeitssachen dar[20].

Zur Begründung wird ausgeführt, daß die Tätigkeit der Gerichte im Beschlußverfahren ihrem „Wesen" nach Freiwillige Gerichtsbarkeit sei[21], da die Gerichte nicht privatrechtliche Ansprüche durch Subsumtion festzustellen und zu verwirklichen hätten[22], sondern vorrangig an der Gestaltung von Privatrechtsverhältnissen beteiligt seien. Die Vertreter dieser Auffassung verweisen ferner auf die Ausgestaltung des Beschlußverfahrens, in dem wie in den Verfahren der Freiwilligen Gerichtsbarkeit nicht „Parteien", sondern „Beteiligte" auftreten, die Entscheidung in Form eines „Beschlusses" ergeht und das Gericht weitgehend über den Verfahrensgegenstand sowie über die Beschaffung der Entscheidungsgrundlagen zu befinden hat.

---

20 So unter der Geltung des *Arbeitsgerichtsgesetzes von 1926:* RAG, ARS 12, S. 204; Baumbach, Vbm. § 80, Anm. 1; Elias, § 60, Anm. 1; Goldschmidt, § 80, Anm. 1; Kny, S. 111 ff.; Samter, § 80, Anm. 1; Stoehsel, § 80, Anm. 1. Unter der Geltung des *Arbeitsgerichtsgesetzes von 1953:* LAG Düsseldorf, AR-Blattei, Arbeitsgerichtsbarkeit XII, Entscheidungen Nr. 27; LAG Frankfurt, ArbuR 1953, S. 315; LAG München, BB 1953, S. 831; ArbG Berlin, AP, § 81 ArbGG, Nr. 10; Bötticher, JZ 1956, S. 583; Dersch / Volkmar, 6. Aufl., § 80, Anm. 1; Erdmann, § 82, Anm. 2; Fitting / Kraegeloh / Auffarth, § 82, Anm. 7; Gros, AR-Blattei, Arbeitsgerichtsbarkeit III A 2; Herschel, BB 1953, S. 862; Lepke, RdA 1974, S. 228, sieht zum Verfahren der Freiwilligen Gerichtsbarkeit zwar keine Identität, wohl aber eine Ähnlichkeit und leitet von daher Rechtsfolgen ab. Gelegentlich wird auch von denjenigen, die das Beschlußverfahren als ein Verwaltungsverfahren oder als ein Verfahren der Verwaltungsgerichtsbarkeit sehen, auf die Verbindung zur Freiwilligen Gerichtsbarkeit hingewiesen. Vgl. Dietz / Nikisch, § 1, Vbm. 8; Kauffmann, ArbuR 1954, S. 1.

21 Vgl. statt anderer Kny, S. 114.

22 Dersch / Volkmar, 6. Aufl., § 80, Anm. 1.

5. Beschlußverfahren als ein Verfahren eigener Art

Neben diesen Meinungen wird auch die Ansicht vertreten, daß das Beschlußverfahren als ein Verfahren eigener Art (Verfahren sui generis) anzusehen sei[23]. Zur Begründung wird ausgeführt, daß das Beschlußverfahren Elemente aller oben erwähnten Verfahrensarten enthalte und sich deshalb einer eindeutigen Einordnung entziehe[24].

II. Untersuchung der vertretenen Auffassungen

Die im vorangegangenen dargestellten Auffassungen sollen daraufhin untersucht werden, inwieweit sie sich mit dem vom Gesetzgeber für das Beschlußverfahen entwickelten Verfahrensmodell vereinbaren lassen.

1. Beschlußverfahren als ein Verfahren der Zivilgerichtsbarkeit

Gegen eine Zuordnung des Beschlußverfahrens zur *Verwaltung* spricht vor allem, daß hier anders als in einer bürokratisch arbeitenden Verwaltung die Entscheidung durch unabhängige, nur dem Gesetz unterworfene Richter ergeht. Anders als in der Verwaltung haben die Richter auch nicht die Interessen einer staatlichen Instanz wahrzunehmen; im Beschlußverfahren haben sie die zu entscheidenden Fragen nach unparteiischen Gesichtspunkten zu würdigen[25].

Eine Zuordnung zur Verwaltung würde im übrigen zu dem vom Gesetzgeber nicht gewollten Ergebnis führen, daß die im Beschlußverfahren ergehenden Entscheidungen nach § 40 der Verwaltungsgerichtsordnung einer weiteren Nachprüfung durch die Verwaltungsgerichte unterliegen würden[26].

Gegen eine Zuordnung des Beschlußverfahrens zur *Verwaltungsgerichtsbarkeit* wird in der Literatur überwiegend angeführt, daß das Betriebsverfassungsgesetz dem Privatrecht zuzurechnen sei. Folglich seien auch die sich aus dem Betriebsverfassungsgesetz ergebenden Strei-

---

[23] ArbG Hamm, AR-Blattei, Arbeitsgerichtsbarkeit XII, Entscheidungen Nr. 32; König, AR-Blattei, Arbeitsgerichtsbarkeit VII A 13; Schneider, AR-Blattei, Arbeitsgerichtsbarkeit XII A I 1.

[24] Schneider, ebd.

[25] Entscheidungen nach pflichtgemäßem Ermessen, wie sie für die Verwaltung kennzeichnend sind, bestimmen ferner nur in wenigen Fällen den Inhalt richterlicher Tätigkeit im Beschlußverfahren. In den überwiegenden Fällen sprechen die Gerichte „Recht".

[26] Vgl. Pohle, Festschrift, S. 166, unter Berufung auf Art. 19 Abs. IV GG. Haben die Verwaltungsgerichte das Beschlußverfahren in Personalvertretungssachen angewandt, so müßten überdies die Verwaltungsgerichte sich selbst als Gerichte nochmals überprüfen.

tigkeiten privatrechtlicher Natur. Für die Auffassung, daß das Betriebsverfassungsgesetz dem Privatrecht zuzurechnen sei, lassen sich zwar gewichtige Gründe anführen[27]. Die Frage braucht jedoch hier nicht entschieden zu werden.

Die Zugehörigkeit einer Streitigkeit zu einem bestimmten Rechtsgebiet vermag zwar in Zweifelsfällen darüber Aufschluß geben, in welchem Verfahren sie beizulegen ist. Die positive gesetzliche Zuweisung von Streitigkeiten zu einer bestimmten Verfahrensart wird jedoch nicht nur von rechtlichen Erwägungen bestimmt, so daß nicht immer Streitigkeiten gleicher Rechtszugehörigkeit im selben Verfahren entschieden werden. Oftmals lassen Zweckmäßigkeitserwägungen eine andere Verteilung sinnvoll erscheinen. Um zu belegen, daß die Art der Streitigkeit und die Verfahrensart nicht übereinzustimmen brauchen, wird im allgemeinen auf die Zuständigkeitsverteilung zwischen den ordentlichen und Verwaltungsgerichten hingewiesen. Obgleich es bei der Geltendmachung von Ansprüchen aus Aufopferung, Verwahrung und bei Schadensersatzansprüchen aus der Verletzung öffentlichrechtlicher Pflichten um Streitigkeiten des öffentlichen Rechts handelt, werden sie aus historischen Gründen gemäß § 40 VwGO in der Zivilgerichtsbarkeit entschieden[28].

Daß die Arbeitsgerichte nach ihrer Gestaltung, ihrem Tätigkeitsbereich und ihrer historischen Entwicklung der Zivilgerichtsbarkeit angehören, wird nicht mehr in Zweifel gezogen[29]. Mithin handelt es sich bei dem Verfahren in Beschlußsachen um *Zivilgerichtsbarkeit* und nicht um Verwaltungsgerichtsbarkeit[30].

2. Beschlußverfahren als ein Sonderverfahren der Freiwilligen Gerichtsbarkeit

Die Frage ist jedoch nicht beantwortet, ob das Beschlußverfahren innerhalb der Zivilgerichtsbarkeit seinem rechtlichen Charakter nach der *Streitigen* oder der *Freiwilligen Gerichtsbarkeit* nahekommt oder ob es innerhalb der Zivilgerichtsbarkeit als ein *Verfahren eigener Art* anzusehen ist.

---

[27] So enthält das Betriebsverfassungsgesetz den Begriff des „Unternehmers“, der seine Grundlage im Privatrecht hat. Ihm gegenüber stehen die Arbeitnehmervertretungen, die nicht wie Verwaltungsträger öffentliche Interessen, sondern die Interessen der Arbeitnehmer wahrzunehmen haben. Vgl. hierzu ausführlich Brändel, S. 146; Wiese, S. 69 ff., und die dort zitierte Literatur.

[28] Vgl. ferner die ersatzweise Zuständigkeit der ordentlichen Gerichte bei einer Rechtsverletzung durch die öffentliche Gewalt, soweit eine anderweitige gerichtliche Zuständigkeit nicht begründet ist (Art. 19 Abs. 4 GG).

[29] Vgl. Dersch / Volkmar, 6. Aufl., § 1, Anm. 21, 156, und dort zit. Literatur.

[30] Vgl. Hueck / Nipperdey, 1. Bd., 7. Aufl., S. 879 ff.; Wiese, S. 99; Dütz, ArbuR 1973, S. 370, mit ausführlicher Argumentation.

Die Einordnung in eine der herkömmlichen Verfahren der Zivilgerichtsbarkeit steht vor der Schwierigkeit, daß die Grenze zwischen Freiwilliger und Streitiger Gerichtsbarkeit nicht eindeutig zu ziehen ist. Aus der Begriffsbildung „Freiwillige" und „Streitige Gerichtsbarkeit" lassen sich Unterscheidungskriterien nicht mehr gewinnen[31].

Wie es innerhalb der Streitigen Gerichtsbarkeit durchaus „nicht streitig" zugehen kann[32], gibt es innerhalb der Freiwilligen Gerichtsbarkeit zahlreiche Angelegenheiten, um die von den Beteiligten gestritten wird[33]. In der Literatur[34] werden die Angelegenheiten der Freiwilligen Gerichtsbarkeit daher auch in zwei Gruppen unterteilt, in die herkömmlichen Rechtsfürsorgeangelegenheiten[35] und in die sogenannten „echten Streitsachen"[36].

Es wird auch versucht, die beiden Verfahrensarten in der Weise abzugrenzen, daß die Freiwillige Gerichtsbarkeit nach Verfahrensgegenstand und Verfahrensziel der „Gestaltung", der Zivilprozeß der „Aufrechterhaltung und Bewahrung der Privatrechtsordnung" diene. Weitere Unterscheidungskriterien werden in der Ausgestaltung des Verfahrens gesehen, der strengeren Durchführung des Zwei-Parteien-Streits im Zivilverfahren und der größeren Freiheit der Parteien im Zivilverfahren hinsichtlich des Verfahrensgegenstandes und der Beschaffung der Entscheidungsgrundlagen[37].

Die Rechtslehre hat es jedoch heute weitgehend aufgegeben, nach materiellen Gesichtspunkten eine klare Grenze zwischen „Streitiger" und „Freiwilliger Gerichtsbarkeit" zu ziehen[38].

---

31 So aber für das römische Recht D 1, 16, 2 pr. (Marcianus). Vgl. noch die Preußische Allgemeine Gerichtsordnung von 1793 (2. Teil, 1. Titel, § 1).

32 Zum Beispiel im Mahnverfahren und bei einem Anerkenntnis. Vgl. Baur, S. 11 ff.; Lent / Habscheid, § 4 I.

33 Als Beispiele für streitige Angelegenheiten sind im Bürgerlichen Gesetzbuch zu nennen: der Streit um die Schlüsselgewalt gemäß § 1357 Abs. 2, der Streit um die Ausübung des persönlichen Verkehrs des nicht-sorgeberechtigten Elternteils mit seinem Kinde gemäß § 1634. Weitere Beispiele für streitige Angelegenheiten enthalten die 6. Durchführungsverordnung zum Ehegesetz vom 21. 10. 1944, RGBl. I, S. 256, im Falle der Verteilung des Hausrats nach der Scheidung, § 65 des Gesetzes für Jugendwohlfahrt vom 11. 8. 1961, BGBl. I, S. 1206, im Falle der Anordnung der Fürsorgeerziehung, §§ 90 ff. der Grundbuchordnung vom 24. 3. 1897, RGBl. I, S. 139, im Falle des Streits um Rangverhältnisse, die Verfahren nach dem Gesetz über die richterliche Vertragshilfe vom 26. 3. 1952, BGBl. I, S. 198.

34 Vgl. Habscheid, JZ 1954, S. 689; Peters, S. 137 ff.

35 Wie Beurkundungs-, Vormundschafts-, Nachlaß- und Registersachen.

36 Vgl Anm. 34.

37 Stein / Jonas / Schönke / Pohle, Bem. III 1 vor § 1; Wach, Handbuch, 1. Bd., S. 47, 53.

38 h. L., so insbesondere Baur, S. 27; Lent / Habscheid, § 4; Nikisch, Zivilprozeßrecht, S. 48; Schlegelberger, § 1, Anm. 4.

Wenn dennoch in eine Untersuchung eingetreten wird, ob das Beschlußverfahren der Streitigen oder der Freiwilligen Gerichtsbarkeit nahekommt, dann ist zu berücksichtigen, daß die von der Lehre entwickelten Unterscheidungskriterien nicht absolute Maßstäbe für die Zuordnung zu der einen oder anderen Verfahrensweise sein können. Sie sind lediglich Merkmale, die für die jeweilige Verfahrensart typisch sind und daher Indizien für die Zugehörigkeit zu der einen oder anderen Verfahrensart sein können. Nur eine Gewichtung der gewonnenen Indizien erlaubt die Schlußfolgerung, daß das Beschlußverfahren seinem Charakter nach zur Streitigen oder Freiwilligen Gerichtsbarkeit tendiert.

Da die Untersuchung mit dem Ziel vorgenommen wird, ein Feld für analoge Betrachtungen zu gewinnen, soll die Frage einer Zugehörigkeit des Beschlußverfahrens zur Freiwilligen Gerichtsbarkeit vor allem unter dem Blickwinkel erfolgen, ob Parallelen zum herkömmlichen Bereich der Freiwilligen Gerichtsbarkeit, den Rechtsfürsorgeangelegenheiten[39], gefunden werden. Denn vornehmlich für diesen Bereich gelten die spezifischen Regelungen der Freiwilligen Gerichtsbarkeit. Auf den Bereich der sogenannten „echten Streitsachen“[40] werden weitgehend die Regelungen der Zivilprozeßordnung und damit der Streitigen Gerichtsbarkeit entsprechend angewandt[41].

Der *Wortlaut* des Arbeitsgerichtsgesetzes weist das Beschlußverfahren ausdrücklich weder der Streitigen noch der Freiwilligen Gerichtsbarkeit zu. Einige Vorschriften — so für den ersten Rechtszug die §§ 80 Abs. 2, 83 Abs. 3 Satz 1, Abs. 4 und 84 Satz 3 ArbGG, für den zweiten Rechtszug die §§ 87 Abs. 2, 89 Abs. 1 Satz 2, 91 Abs. 2 und Abs. 3 ArbGG, für den dritten Rechtszug §§ 92 Abs. 2 Satz 2 und 94 Abs. 2 Satz 2 ArbGG — verweisen allerdings auf einzelne Bestimmungen des arbeitsgerichtlichen Urteilsverfahrens oder allgemein auf die „für das Urteilsverfahren maßgebenden Vorschriften“, im Falle des § 85 ArbGG auf die „Vorschriften des Achten Buches der Zivilprozeßordnung“.

Aus der Übereinstimmung gewisser Regelungen in der Streitigen Gerichtsbarkeit und im Beschlußverfahren zu folgern, daß das Beschlußverfahren seinem rechtlichen Charakter nach dem Streitigen Verfahren zuzuordnen ist, wäre nur dann gerechtfertigt, wenn die Regelungen, auf die in den Vorschriften über das Beschlußverfahren verwiesen wird, die Struktur der Streitigen Gerichtsbarkeit betreffen. Die in bezug genommenen Vorschriften beziehen sich aber eher auf den technischen

---

[39] Vgl. Anm. 35.

[40] Vgl. Anm. 33.

[41] Vgl. Lent / Habscheid, § 7 III, mit zahlreichen Nachweisen aus Rechtsprechung und Literatur.

Ablauf des Verfahrens[42]. Es handelt sich um Vorschriften, die die *Stellung der Beteiligten vor Gericht* (Prozeßfähigkeit, Prozeßvertretung, persönliches Erscheinen, §§ 80 Abs. 2, 87 Abs. 2 Satz 2, 89 Abs. 1 Satz 2, 92 Abs. 2 Satz 2 ArbGG), *das Gericht* (Ablehnung und Ausschließung von Gerichtspersonen, §§ 80 Abs. 2, 87 Abs. 2, 92 Abs. 2 ArbGG), *den Prozeßbetrieb* (Ladungen, Termine, Fristen, Zustellung, Befugnisse des Richters, Vorbereitung der mündlichen Verhandlung, Verhandlung vor der Kammer, §§ 80 Abs. 2, 87 Abs. 2, 92 Abs. 2, 94 Abs. 2 Satz 2 ArbGG, Verkündung der Entscheidung, §§ 84 Satz 3, 91 Abs. 2 Satz 2 ArbGG), die Wahrung der *Öffentlichkeit,* die Voraussetzungen der *Wiedereinsetzung in den vorigen Stand,* die *Wiederaufnahme des Verfahrens,* §§ 80 Abs. 2, 87 Abs. 2, 92 Abs. 2 ArbGG, *die Zulassung der Rechtsbeschwerde,* §§ 91 Abs. 3 Satz 2, 92 Abs. 1 Satz 2, 94 Abs. 2 Satz 3 ArbGG, sowie die *Durchführung der Zwangsvollstreckung,* §§ 85, 87 Abs. 2, 92 Abs. 2 ArbGG, betreffen. Diese Regelungen gelten — von Besonderheiten abgesehen — für alle Verfahrensarten gleichermaßen, im wesentlichen auch für die Verfahren der Freiwilligen Gerichtsbarkeit[43].

Daß die Verweisung auf die Vorschriften des arbeitsgerichtlichen Urteilsverfahrens keinen Rückschluß auf eine rechtssystematische Verwandtschaft der beiden Verfahrensweisen zuläßt, erhellt auch die amtliche Begründung des Regierungsentwurfs zum Arbeitsgerichtsgesetz von 1926[44], dessen Vorschriften über das Beschlußverfahren mit den entsprechenden Bestimmungen des Arbeitsgerichtsgesetzes von 1953 nahezu übereinstimmen. Danach lag es in der Absicht des Gesetzgebers, durch die Verweisung auf Vorschriften einer bereits geltenden Verfahrensordnung die Beteiligten nicht „mit einer großen Zahl neuer Vorschriften unnötig zu belasten"[45]. Der Gesetzgeber stützte sich auf die

---

[42] So auch Lepke, RdA 1974, S. 228.

[43] In der Freiwilligen Gerichtsbarkeit tritt allerdings die Bekanntmachung nach § 16 FGG an die Stelle der Verkündung. Die Öffentlichkeit ist in den Verfahren der Freiwilligen Gerichtsbarkeit in der Regel nicht zugelassen. Ferner werden andere Voraussetzungen an die weitere Beschwerde gestellt als an die Rechtsbeschwerde im Beschlußverfahren und schließlich folgt das Vollstreckungsverfahren, wenn es seiner überhaupt bedarf, nach § 33 FGG weitgehend eigenen Regeln. Die insoweit herangezogenen Bestimmungen des arbeitsgerichtlichen Urteilsverfahrens haben in der Tat keine Parallele in den Verfahren der Freiwilligen Gerichtsbarkeit. Aber auch bei diesen Bestimmungen, daß z. B. nach § 91 Abs. 2 Satz 2 ArbGG in Verbindung mit § 60 Abs. 4 Satz 2 ArbGG im zweiten Rechtszug ein Beschluß binnen drei Tagen nach Verkündung in vollständiger Abfassung der Geschäftsstelle übergeben werden soll, handelt es sich nicht um Regelungen, die etwas über die Struktur des Beschlußverfahrens besagen.

[44] Vgl. Drucksache Reichstag, 3. Wahlperiode, Nr. 2065, S. 22, 25, 34.

[45] Drucksache Reichstag, ebd., S. 34: „Soweit es sich um allgemeine Verfahrensvorschriften handelt, sollen die für das Urteilsverfahren geltenden Vorschriften soweit wie möglich entsprechend angewendet werden, um die Mitglieder der Arbeitsgerichtsbehörden und die Prozeßbeteiligten nicht mit einer zu großen Zahl besonderer Vorschriften zu belasten."

Vorschriften des arbeitsgerichtlichen Urteilsverfahrens, die wiederum auf die Bestimmungen der Zivilprozeßordnung Bezug nehmen, weil das zivilprozessuale Verfahren am weitestgehenden kodifiziert ist.

Aus der Verweisung auf die angeführten Regelungen der Streitigen Gerichtsbarkeit kann daher nicht auf eine strukturelle Gemeinsamkeit beider Verfahrensarten geschlossen werden.

In mehreren Bestimmungen hat der Gesetzgeber indessen die Eigenständigkeit des Beschlußverfahrens gegenüber der Streitigen Gerichtsbarkeit hervorgehoben.

So hat er im § 2 ArbGG bereits begrifflich von den „bürgerlichen Rechts*streitig*keiten", die im streitigen Urteilsverfahren zu entscheiden sind, die im Beschlußverfahren auszutragenden „Angelegenheiten des Betriebsverfassungsgesetzes" unterschieden. Auch durch die Bezeichnung der Handelnden des Beschlußverfahrens als „Beteiligte" (§ 83 Abs. 2 ArbGG) sowie durch die Bezeichnung der gerichtlichen Entscheidung als „Beschluß" (§ 84 ArbGG) und des hiergegen statthaften Rechtsmittels als „Beschwerde" (§ 87 ArbGG) hat der Gesetzgeber die Selbständigkeit des Beschlußverfahrens gegenüber dem streitigen Urteilsverfahren hervorgehoben. Die Wahl der Begriffe offenbart, wenn auch nur äußerlich, Gemeinsamkeiten des Beschlußverfahrens mit der Freiwilligen Gerichtsbarkeit. Die Gemeinsamkeiten mit der Freiwilligen Gerichtsbarkeit beruhen jedoch nicht nur auf der gleichen Terminologie.

Vor allem im *Inhalt der gerichtlichen Tätigkeit* und in der *Ausgestaltung des Verfahrens* ist eine weitgehende Übereinstimmung beider Verfahren erkennbar[46].

Die Verfahren in Beschlußsachen, die auf eine Rechtsgestaltung abzielen wie die Auflösung des Betriebsrats oder der Ausschluß eines Mitgliedes aus dem Betriebsrat (§ 23 Abs. 1 BetrVG), finden innerhalb der Freiwilligen Gerichtsbarkeit ihr Gegenstück in den Fällen des § 2227 BGB, der Entlassung eines Testamentsvollstreckers, und des § 147 HGB, der Abberufung eines Liquidatoren einer offenen Handelsgesellschaft. Regelnde Tätigkeit üben die Gerichte nach dem Verfahren der Freiwilligen Gerichtsbarkeit ähnlich wie im Beschlußverfahren beispielsweise als Vormundschaftsgericht aus, wenn sie den „Verkehr" des „nichtsorgeberechtigten Elternteils" mit seinen Kindern „näher regeln" (§ 1634 Abs. 1 BGB)[47]. Die Bestellung des Wahlvorstandes (§ 16 Abs. 2 BetrVG) oder des Vorsitzenden der Einigungsstelle (§ 76 Abs. 2 Satz 2

---

[46] Vgl. Lepke, RdA 1974, S. 228.

[47] Ein weiteres Beispiel findet sich in § 1666 Abs. 1 BGB: Danach hat das Vormundschaftsgericht bei Gefahr für das geistige oder leibliche Wohl des Kindes die zur Abwendung der Gefahr erforderlichen „Maßregeln" zu treffen. Vgl. ferner § 1671 Abs. 3 BGB.

BetrVG) durch das Arbeitsgericht in Beschlußsachen gleicht schließlich der „Notbestellung“ des Vorstandes eines Vereins (§ 29 BGB), die unter bestimmten Voraussetzungen die Gerichte der Freiwilligen Gerichtsbarkeit vorzunehmen haben. In beiden Fällen üben die Gerichte verwaltende Tätigkeit aus[48].

In welchem Maße die Tätigkeit der Gerichte in Beschlußsachen der Freiwilligen Gerichtsbarkeit entspricht, zeigt § 104 Abs. 1 AktG. Nach dieser Vorschrift kann neben anderen der Betriebsrat oder eine bestimmte Zahl von Arbeitnehmern vor dem Amtsgericht den Antrag stellen, den Aufsichtsrat auf die für die Beschlußfassung erforderliche Anzahl an Mitgliedern zu ergänzen. Durch diese Bestellung, die nach dem Verfahren der Freiwilligen Gerichtsbarkeit vorzunehmen ist, hilft das Amtsgericht, eine betriebsverfassungsrechtliche Aufgabe entsprechend der Vorschrift des § 76 BetrVG 1952 zu verwirklichen.

Diese Gegenüberstellung zeigt mithin eine grundsätzliche Übereinstimmung der gerichtlichen Tätigkeit in der Freiwilligen Gerichtsbarkeit und dem arbeitsgerichtlichen Beschlußverfahren.

Auch in ihrer Ausgestaltung stimmen beide Verfahrensweisen in wichtigen Punkten überein. Beide Verfahren beruhen anders als die streitigen Verfahren nicht auf dem Gegenüber von zwei Parteien. In beiden Verfahren ist die Dispositionsbefugnis der Beteiligten in stärkerem Umfang als in der Streitigen Gerichtsbarkeit eingeengt, und in beiden Verfahren bestimmen die Gerichte über das der Entscheidung zugrunde zu legende Tatsachenmaterial[49].

Anders als in den meisten Verfahren der Freiwilligen Gerichtsbarkeit gilt allerdings im Beschlußverfahren der Grundsatz der Mündlichkeit und der Öffentlichkeit. In der Freiwilligen Gerichtsbarkeit steht demgegenüber die Gestaltung des Verfahrensablaufs weitgehend im Ermessen des Gerichts. Der Vorrang der Mündlichkeit und der Öffentlichkeit vor der Schriftlichkeit ist aber für das Beschlußverfahren erst durch das Arbeitsgerichtsgesetz von 1953 eingeführt worden. Nach dem Arbeitsgerichtsgesetz von 1926 standen noch das mündliche und schriftliche Verfahren gleichwertig nebeneinander[50].

---

48 So auch Wiese, S. 107.

49 Vgl. Lepke, RdA 1974, S. 228.

50 Es gibt zwar auch innerhalb der Freiwilligen Gerichtsbarkeit Verfahren, in denen die Verhandlung grundsätzlich mündlich und öffentlich zu erfolgen hat. Vgl. Art. 63 ff. des Rückerstattungsgesetzes — Amerikanisches Kontrollgebiet — vom 10. 11. 1947, BayBS III, S. 218; ferner § 13 Abs. 2 der Verordnung über die Behandlung der Ehewohnung und des Hausrats nach der Scheidung vom 21. 10. 1944, RGBl. I, S. 256. Es handelt sich hierbei aber vornehmlich um „echte Streitsachen“ innerhalb der Freiwilligen Gerichtsbarkeit, die, wie oben ausgeführt wurde, für die Beurteilung außer Betracht bleiben sollen.

Hinsichtlich der Terminologie, des Inhalts der gerichtlichen Tätigkeit und der Ausgestaltung des Verfahrens bestehen also weitgehende Gemeinsamkeiten zwischen dem Beschlußverfahren und der Freiwilligen Gerichtsbarkeit.

Ob damit das Beschlußverfahren der Freiwilligen Gerichtsbarkeit zugeordnet werden kann, soll zusätzlich aus einer *historischen* Betrachtung des Beschlußverfahrens geklärt werden.

Als der Gesetzgeber im Jahre 1926 die erste Fassung einer Verfahrensordnung für betriebsverfassungsrechtliche Angelegenheiten, also den „Vorläufer" des heutigen Beschlußverfahrens, schuf, regelte er dieses Verfahren unabhängig vom arbeitsgerichtlichen Urteilsverfahren, da er — wie es in der amtlichen Begründung zum Arbeitsgerichtsgesetz heißt — das Urteilsverfahren zur Austragung betriebsverfassungsrechtlicher Streitigkeiten „für ungeeignet" hielt[51]. Der Gesetzgeber sah stattdessen, wie die amtliche Begründung des Regierungsentwurfs weiter besagt, im Beschlußverfahren eine „Art freiwilliger Gerichtsbarkeit in Arbeitssachen", in welchem die Arbeitsgerichte Aufgaben wahrzunehmen hätten, die denen der Freiwilligen Gerichtsbarkeit teilweise verwandt seien[52]. Eine ausdrückliche Zuordnung zur Freiwilligen Gerichtsbarkeit nahm der Gesetzgeber nicht vor, weil nach seiner Ansicht das Beschlußverfahren im Hinblick auf „anders geartete Fälle"[53] als in der Freiwilligen Gerichtsbarkeit kodifiziert worden sei. Diese Bedenken des Gesetzgebers aus dem Jahre 1926 gegen eine Zuordnung des Beschlußverfahrens zur Freiwilligen Gerichtsbarkeit gelten nicht mehr[54]. Der Inhalt gerichtlicher Tätigkeit im Beschlußverfahren: rechtsprechende, regelnde und verwaltende Tätigkeit findet — wie bereits ausgeführt wurde — seine Parallele in der Freiwilligen Gerichtsbarkeit. Dies traf zwar im Zeitpunkt der Verabschiedung des Arbeitsgerichtsgesetzes von 1926 für den wesentlichen Bereich der gerichtlichen Tätigkeit im Beschlußverfahren, der Feststellung von Rechtsverhältnissen, nicht zu. Inzwischen sind den Gerichten auch im Verfahren der Freiwilligen Gerichtsbarkeit die Feststellung von Rechtsverhältnissen übertragen worden, so nach § 43 des Gesetzes über das Wohnungseigentum und des Dauerwohnrechts vom 15. März 1951[55] und nach den §§ 13, 9 des Gesetzes über das gerichtliche Verfahren in Landwirtschaftssachen[56].

Die Bedenken des Gesetzgebers von 1926 gegen eine Zuordnung des Beschlußverfahrens zur Freiwilligen Gerichtsbarkeit hatten keine Gel-

---

51 Vgl. Drucksache Reichstag, 3. Wahlperiode, Nr. 2065, S. 34.

52 Ebd., S. 25, 34.

53 Ebd., S. 34.

54 Vgl. vor allem Brändel, S. 148 ff.

55 RGBl. I, S. 175.

56 RGBl. I, S. 667.

tung im Zeitpunkt der Kodifikation des Arbeitsgerichtsgesetzes von 1953. Folgerichtig wollte daher der Gesetzgeber im Jahre 1953 die Neufassung eines Arbeitsgerichtsgesetzes zum Anlaß nehmen, das Beschlußverfahren — wie es in der Begründung zum Regierungsentwurf eines Arbeitsgerichtsgesetzes von 1953 heißt — „noch stärker als bisher dem Verfahren der Freiwilligen Gerichtsbarkeit anzunähern“[57]. Zur Verwirklichung dieser im Regierungsentwurf erklärten Absicht durch eine ausdrückliche Verweisung auf die Bestimmungen der Freiwilligen Gerichtsbarkeit kam es jedoch nicht. Der Bundestag erweiterte den Regierungsentwurf über ein Arbeitsgerichtsgesetz um die Vorschriften für das Beschlußverfahren, indem es die im Arbeitsgerichtsgesetz von 1926 enthaltene Regelung über ein Beschlußverfahren nahezu vollständig übernahm[58].

Die geschichtliche Entwicklung spricht mithin gleichfalls dafür, daß das Beschlußverfahren seinem rechtlichen Charakter nach als ein Sonderverfahren der Freiwilligen Gerichtsbarkeit angesehen werden kann.

Bei der Beurteilung der im Kapitel über die „Ausgestaltung des Verfahrens“ auftretenden Einzelfragen erscheint es daher als zulässig, die analoge Anwendung von Regelungen innerhalb der Freiwilligen Gerichtsbarkeit in Betracht zu ziehen[59].

---

[57] Vgl. RdA 1951, S. 463.

[58] Beratender Bundestagsausschuß für Arbeit, 1. Wahlperiode, Drucksache Nr. 4372, S. 4.

[59] Die Parallelen sind vornehmlich zum herkömmlichen Bereich der Freiwilligen Gerichtsbarkeit, den Angelegenheiten der Rechtsfürsorge, zu ziehen. Vgl. S. 35, 36. Vgl. ArbG Berlin, AP, § 81 ArbGG, Nr. 10; Fenn, S. 123, unter Hinweis auf BAG, AP, § 20 BetrVG, Nr. 1.

3. TEIL

Die Beteiligten des Beschlußverfahrens

Nach Darstellung des Verfahrensmodells, das dem Beschlußverfahren zugrunde liegt, und seiner rechtssystematischen Zuordnung wird auf die Ausgestaltung des Verfahrens im einzelnen einzugehen sein. An den Anfang soll die Frage nach der Beteiligung am Verfahren gestellt werden, wer am Verfahren beteiligt ist und nach welchen Grundsätzen von den Beteiligten wirksam Handlungen vorgenommen werden können.

Wie in der Freiwilligen Gerichtsbarkeit[1] und in den neueren Prozeßordnungen, der Verwaltungsgerichtsordnung[2], des Sozialgerichtsgesetzes[3] und der Finanzgerichtsordnung[4], werden die Handelnden im Beschlußverfahren „Beteiligte" genannt (§ 10 ArbGG)[5]. Der Gesetzgeber hat einen Begriff gewählt, der keine Aussage über die Position der Rolle des Handelnden im Verfahren trifft. „Beteiligte" sind auch die Handelnden in denjenigen Verfahrensordnungen, in denen der Gesetzgeber konkretere Bezeichnungen wie Kläger, Beklagter oder Beigeladener gewählt hat[6]. „Beteiligte" sind alle, die als Subjekt im Verfahren durch Stellen eines Antrags, Einlegen der Beschwerde und Wahrnehmung des rechtlichen Gehörs mitwirken und nicht wie Zeugen und Sachverständige durch ihre Aussage allein der Erkenntnisfindung dienen.

Die Beteiligung von Personen oder Personengruppen im Beschlußverfahren soll im nachstehenden in vier Problemkreisen behandelt werden. An die Untersuchung, wer fähig ist, im Beschlußverfahren als „Beteiligter" zu fungieren, schließt sich die Frage, wer rechtswirksame Handlungen vorzunehmen imstande ist. Als dritte Frage ist zu klären, wer am konkreten Verfahren teilzunehmen berechtigt ist. Schließlich soll erörtert werden, inwieweit im Beschlußverfahren eine Vertretung durch Prozeßbevollmächtigte zulässig ist.

---

1 Vom 17. 5. 1898, RGBl. I, S. 189 ff.

2 Vom 21. 1. 1960, BGBl. I, S. 17 ff.

3 Vom 3. 9. 1953, BGBl. I, S. 1239 ff.

4 Vom 6. 10. 1965, BGBl. I, S. 1477 ff.

5 Vgl. den Wortlaut des § 10, 2. Halbsatz ArbGG: „in den Fällen des § 2 Abs. 1 Nr. 4 und 5 sind auch die nach ... Beteiligte."

6 Vgl. Grunsky, § 10, Anm. 21: „Der Beteiligtenbegriff entspricht für das Beschlußverfahren dem Parteibegriff im Urteilsverfahren."

A. Die Fähigkeit, Beteiligter zu sein

Die Frage nach der Fähigkeit, im Beschlußverfahren Beteiligter zu sein (Beteiligungsfähigkeit), wird in § 10 ArbGG unter dem Begriff der „Parteifähigkeit" geregelt. Der Übernahme des zivilprozessualen Begriffs der „Parteifähigkeit" empfiehlt sich jedoch nicht für das Beschlußverfahren. Die Vorschriften des Arbeitsgerichtsgesetzes haben die Bezeichnung „Parteien" allein dem Urteilsverfahren vorbehalten. Es ist daher im Beschlußverfahren terminologisch von einer „Beteiligungsfähigkeit"[7] zu sprechen, auch wenn sich den Voraussetzungen nach die Begriffe „Parteifähigkeit" und „Beteiligungsfähigkeit" weitgehend entsprechen.

I. Die Beteiligungsfähigkeit nach § 10 ArbGG

Über die Beteiligungsfähigkeit „in den Fällen des § 2 Absatz 1 Nr. 4 und 5", also in den Fällen des Beschlußverfahrens, enthält der zweite Halbsatz in § 10 ArbGG zwei Regelungen. Einmal werden an die Beteiligungsfähigkeit im Beschlußverfahren eigenständige Anforderungen gestellt, die den Besonderheiten dieser Verfahrensweise entsprechen. Zugleich verweist § 10, 2. Halbsatz ArbGG auf die für die Parteifähigkeit des arbeitsgerichtlichen Urteilsverfahrens geltende Regelung des 1. Halbsatzes des § 10 ArbGG, wie der Formulierung „sind auch ... Beteiligte" zu entnehmen ist[8].

1. Personen und Stellen im Sinne des § 10 Satz 1 — 2. Halbsatz — ArbGG

Fähig, am Verfahren teilzunehmen, sind nach § 10, 2. Halbsatz ArbGG alle „nach dem Betriebsverfassungsgesetz und den dazu ergangenen Rechtsverordnungen beteiligten Personen und Stellen".

Die Bestimmung der Beteiligungsfähigkeit in § 10, 2. Halbsatz ArbGG läßt ungeklärt, welchen Inhalt die Begriffe „Personen" und „Stellen" haben.

Der für die gesamte Rechtsordnung gleichermaßen geltende Begriff der „Person" bedarf an dieser Stelle keiner näheren Erörterung. Da hier nur die „Personen" angesprochen werden, die „im Betriebsverfassungsgesetz und den dazu ergangenen Rechtsverordnungen beteiligt" werden,

---

[7] So BAGE 16, S. 177 (180); Dersch / Volkmar, 6. Aufl., § 81, Anm. 2 Demgegenüber übernehmen Dietz / Nikisch den Begriff der „Parteifähigkeit" („wenn auch nicht ganz korrekt") in das Beschlußverfahren. Vgl. auch Müller, Beschlußverfahren, S. 34.

[8] Dersch / Volkmar, 6. Aufl., § 81, Anm. 12; Dietz / Nikisch, § 10, Anm. 14; Hueck / Nipperdey, 1. Bd., 7. Aufl., S. 975.

erstreckt sich diese Bestimmung auf die Angehörigen des Betriebes, Angestellte, Arbeiter und Auszubildende[9].

Nach dem vom Gesetzgeber entwickelten betrieblichen Ordnungsmodell sind unter „Stelle“ alle betrieblichen Einrichtungen zu verstehen, die im Betriebsverfassungsgesetz und den dazu ergangenen Rechtsverordnungen genannt, organisatorisch auf Dauer angelegt und nach bestimmten Grundsätzen aufgebaut sind[10].

Der rechtlichen Selbständigkeit kommt im Betriebsverfassungsgesetz keine Bedeutung zu[11]. Sie ist daher auch für die Beteiligungsfähigkeit im Beschlußverfahren nicht erforderlich.

Beteiligungsfähig[12] sind mithin die Betriebsversammlung (§ 42 BetrVG) und der Betriebsrat (§ 1 BetrVG). Aber auch der Arbeitgeber (§ 2 BetrVG) oder der Unternehmer (§ 106 BetrVG) sind innerhalb der betrieblichen Ordnung als beteiligungsfähige „Stellen“ gesetzlich institutionalisiert. Am Beschlußverfahren teilzunehmen fähig sind ferner der Vorsitzende des Betriebsrats (§ 26 BetrVG), da ihm innerhalb der betriebsverfassungsrechtlichen Ordnung eigene Rechte zukommen, der Vertrauensmann der Schwerbehinderten (§ 32 BetrVG), die Gewerkschaften und die Arbeitgebervereinigungen (§ 2 BetrVG) einschließlich ihrer Beauftragten (§ 46 BetrVG), der Wahlvorstand (§ 16 BetrVG), die Jugendvertretung (§ 60 BetrVG), der Wirtschaftsausschuß (§ 106 BetrVG), die Einigungsstelle (§ 76 BetrVG)[13].

Als beteiligungsfähig wird man auch „zusätzliche“ oder „abweichende“ betriebsverfassungsrechtliche Vertretungen gemäß § 3 BetrVG ansehen müssen, da ihre Institutionierung im Betriebsverfassungsgesetz vorgesehen wird.

Ob auch den Sonderausschüssen des Betriebsrats gemäß § 28 BetrVG die Beteiligungsfähigkeit anzuerkennen sein wird, erscheint zweifel-

---

[9] Der Arbeitgeber oder Unternehmer ist, wie im folgenden noch nachgewiesen wird, als eine betriebsverfassungsrechtliche „Stelle“ und nicht als „Person“ für das Verfahren beteiligungsfähig. Diese Differenzierung ist u. a. für die Frage von Bedeutung, ob die Identität des Arbeitgebers, z. B. einer Personengesellschaft, als Beteiligter gewahrt bleibt, wenn die Mitglieder der Gesellschaft wechseln.

[10] Dietz / Nikisch, § 10, Anm. 59.

[11] Hueck / Nipperdey, 1. Bd., 7. Aufl., S. 975; Müller, Beschlußverfahren, S. 35; Söllner, S. 260; Grunsky, § 10, Anm. 23.

[12] Dersch / Volkmar, 6. Aufl., § 83, Anm. 2 c; Grunsky, § 10, Anm. 24; Hueck / Nipperdey, 1. Bd., 7. Aufl., S. 975; Schneider, AR-Blattei, Arbeitsgerichtsbarkeit XII C.

[13] BVerwGE 50, S. 176; Lepke, BB 1977, S. 55; Fitting / Auffarth / Kaiser, § 76, Anm. 41; a. M. LAG Baden-Württemberg, ArbuR 1975, S. 350; Galperin / Löwisch, § 76, Anm. 45, der Fragen der Beteiligungsfähigkeit mit Fragen der Antragsberechtigung und des Rechtsschutzinteresses verbindet.

haft, da diese Gremien ausschließlich in betrieblicher Selbstverwaltung geschaffen werden und nicht durch Gesetz oder Rechtsverordnung eingerichtet sind.

Diesen Ausschüssen kommt in der Praxis, vor allem in Großbetrieben, aus Gründen der Intensivierung der Betriebsratsarbeit erhebliche Bedeutung zu. Nach ihrer Aufgabenstellung können sie zur selbständigen Entscheidungsfindung berechtigt sein oder beratend wirken, sie können ausschließlich aus Betriebsratsmitgliedern gebildet oder paritätisch besetzt sein.

Die Anerkennung der Beteiligungsfähigkeit dieser Ausschüsse, zum Beispiel bei Streitigkeiten in Kompetenzfragen, kann damit begründet werden, daß die Möglichkeit ihrer Konstituierung im Betriebsverfassungsgesetz besonders vorgesehen ist. Auch ihr Aufbau — jedenfalls im Grundsatz — ist in den §§ 27, 28 BetrVG näher bestimmt. Es erscheint daher vertretbar, sie als betriebsverfassungsrechtliche „Stellen" innerhalb der vom Gesetzgeber gewollten betrieblichen Ordnung anzusehen, wodurch ihre Beteiligungsfähigkeit begründet wird[14].

Nicht als beteiligungsfähig müssen demgegenüber die Gruppierungen angesehen werden, die im Ordnungsmodell nach dem Betriebsverfassungsgesetz keine Grundlage finden. Ein „Sprecherausschuß für leitende Angestellte" ist ebensowenig eine betriebsverfassungsrechtliche Institution wie der „Vertrauensmännerkörper" einer Gewerkschaft[15]. Es mag richtig sein, daß auch diese oder andere Gruppierungen Träger von Rechten werden können. Da sie jedoch außerhalb der Ordnungskonzeption des Betriebsverfassungsrechtes stehen, kann ihnen die Beteiligungsfähigkeit des Beschlußverfahrens nicht zuerkannt werden.

Es stellt sich die weitere Frage, ob auch eine Minderheitsgruppe innerhalb der Belegschaft oder des Betriebsrats beteiligungsfähig ist. Da der Gesetzgeber von den „Vertretern" der „Gruppen" innerhalb der Belegschaft oder des Betriebsrats nur im Zusammenhang mit der Repräsentation dieser Minderheit innerhalb der betriebsverfassungsrechtlichen Institutionen spricht, kann gefolgert werden, daß es neben dieser Institution nur die einzelnen Mitglieder als selbständig Handelnde gibt. Eine Minderheitsgruppe ist im übrigen weder nach bestimmten Grundsätzen aufgebaut, noch innerhalb der betrieblichen Ordnung organisatorisch auf Dauer angelegt. Ihnen kann eine Beteiligungsfähigkeit nicht zuerkannt werden[16].

---

[14] So Grunsky, § 10, Anm. 24; a. M. Frauenkron, S. 87, 88.

[15] Der Entscheidung des BAG, SAE 1975, S. 133 (134) über die Anerkennung der passiven Beteiligungsfähigkeit eines Sprecherausschusses kann nicht gefolgt werden. Grunsky, § 10, Anm. 24, bejaht auch die aktive Beteiligungsfähigkeit eines Sprecherausschusses für leitende Angestellte.

[16] Dietz / Nikisch, § 10, Anm. 62.

Zweifelhaft ist ferner, ob die in den §§ 16 - 19, 23 BetrVG genannten Personengruppen von „mindestens 3 Wahlberechtigten" oder von „mindestens einem Viertel der wahlberechtigten Arbeitnehmer" als betriebsverfassungsrechtliche „Stellen" beteiligungsfähig sind.

Nach den genannten Bestimmungen ist der Antrag vor Gericht von „drei" oder mehr „Wahlberechtigten" zu stellen. Allein daraus, daß nach den gesetzlichen Voraussetzungen der Antrag von drei oder mehr Personen gestellt werden muß, kann aber nicht schon gefolgert werden, daß diese Personen eine nach dem Betriebsverfassungsgesetz beteiligte „Stelle" (§ 10, 2. Halbsatz ArbGG) bilden. Es ist nicht irgendeine, wenn auch locker zusammengefügte betriebliche Einrichtung „von drei oder mehr Arbeitnehmern" am Verfahren beteiligt. In den angeführten Fällen handelt es sich um zufällig gebildete Gruppen dasselbe Ziel anstrebender Personen, die von einer festgelegten Zahl an für berechtigt erklärt worden sind, einen prozessualen Antrag zu stellen. Subjekt des Verfahrens sind die einzelnen Mitglieder dieser Gruppen, nicht aber die Gruppe selbst[17].

2. Die Verweisung auf die Vorschriften des arbeitsgerichtlichen Urteilsverfahrens

Zur Bestimmung der Beteiligungsfähigkeit im Beschlußverfahren verweist § 10, 2. Halbsatz ArbGG, wie dargestellt wurde, außerdem auf die Vorschriften über die Parteifähigkeit im arbeitsgerichtlichen Urteilsverfahren, die wiederum auf die Vorschriften der Zivilprozeßordnung Bezug nehmen (§ 46 Absatz 2 ArbGG)[18].

Der Begriff der Parteifähigkeit hat in der Zivilprozeßordnung seine Ausprägung aus der besonderen Funktion des Zivilprozesses erhalten. Da im Zivilprozeß um die Verwirklichung materieller Rechte gestritten wird, kann grundsätzlich auch nur derjenige parteifähig sein, der Träger materieller Rechte sein kann. § 50 Abs. I ZPO bestimmt: „Parteifähig ist, wer rechtsfähig ist."

Der Funktion des Beschlußverfahrens widerspricht es jedoch, in dem Merkmal der Rechtsfähigkeit eine Voraussetzung für die Fähigkeit zu sehen, am Verfahren teilzunehmen. Seiner Funktion nach sollen im Beschlußverfahren Streitigkeiten oder Meinungsverschiedenheiten über betriebskonstitutionelle Angelegenheiten zwischen den an der Verwirklichung der betrieblichen Ordnung beteiligten „Personen und Stellen" beigelegt werden[19].

---

[17] So Dietz / Nikisch, § 10, Anm. 62.

[18] Dersch / Volkmar, 6. Aufl., § 81, Anm. 12; Hueck / Nipperdey, 1. Bd., 7. Aufl., S. 975.

[19] Dersch / Volkmar, 6. Aufl., § 10, Anm. 3; Söllner, S. 260.

Es ist daher zu fragen, ob für die Bestimmung der Beteiligungsfähigkeit im einzelnen Verfahren überhaupt die dem System des Beschlußverfahrens fremden Vorschriften der Zivilprozeßordnung in Betracht kommen. Die Verweisung in § 10, 2. Halbsatz ArbGG auf die Vorschriften der streitigen Gerichtsbarkeit ist entbehrlich, wenn nur die im vorangegangenen dargestellten, „nach dem Betriebsverfassungsgesetz und den dazu ergangenen Rechtsverordnungen beteiligten Personen und Stellen“ teilzunehmen berechtigt sind.

Die Regelung, wer am Verfahren teilzunehmen berechtigt ist, wird, wie bei der Wiedergabe des Verfahrensmodells bereits hervorgehoben wurde, im Beschlußverfahren in § 83 ArbGG danach bestimmt, ob die betreffende Person oder Personengruppe nach dem Betriebsverfassungsgesetz und den dazu ergangenen Rechtsverordnungen im einzelnen Fall „beteiligt“ ist.

Wird also die Regelung der Teilnahmeberechtigung in § 83 ArbGG mit § 10, 2. Halbsatz ArbGG verglichen, so läßt sich hieraus folgern, daß ausschließlich die in § 10, 2. Halbsatz ArbGG für beteiligungsfähig erklärten „Personen und Stellen“ zur Teilnahme am Beschlußverfahren berechtigt sind. § 83 ArbGG hebt zwar neben den Arbeitnehmern den Arbeitgeber als besonders teilnahmeberechtigt hervor. Seine Teilnahmefähigkeit im Beschlußverfahren braucht jedoch ebenfalls nicht nach den Vorschriften der Zivilprozeßordnung bestimmt zu werden. Es wurde bereits ausgeführt, daß der Arbeitgeber innerhalb der betrieblichen Ordnung als eine für beteiligungsfähig erklärte „Stelle“ im Sinne des § 10, 2. Halbsatz ArbGG anzusehen ist.

Da mithin andere als die im § 10, 2. Halbsatz ArbGG für beteiligungsfähig erklärten „Personen und Stellen“ nicht am Verfahren teilzunehmen berechtigt sind, ist die Verweisung auf die zivilprozessuale Parteifähigkeit in § 10, 1. Halbsatz ArbGG für das Beschlußverfahren entbehrlich.

II. Die Beteiligung der Betriebsvertretung im besonderen

Die vorangegangene Untersuchung hat gezeigt, daß auch die Betriebsvertretungen als betriebsverfassungsrechtliche „Stellen“ im Sinne des § 10, 2. Halbsatz ArbGG fähig sind, am Verfahren teilzunehmen. Die Beteiligung der betriebsverfassungsrechtlichen „Stellen“ wirft im Gesetz nicht geregelte Fragen auf.

1. Auswirkungen eines Mitgliederwechsels

Gesetzlich nicht geregelt ist die Frage, wie sich die Änderung der personellen Besetzung — durch Amtsablauf, Rücktritt oder gerichtlichen

Ausschluß von Mitgliedern — auf die Beteiligungsfähigkeit einer Betriebsvertretung im anhängigen Verfahren auswirkt.

Als Lösungsmöglichkeiten kommen in Betracht, daß entweder die betreffende Betriebsvertretung, sei es in ihrer alten Zusammensetzung oder nach dem Ausscheiden einzelner Mitglieder in der verbleibenden Besetzung, für das anhängige Verfahren beteiligungsfähig bleibt[20] oder daß sie in ihrer neuen Besetzung das Verfahren fortführt[21].

Eine Antwort hierauf kann unmittelbar § 10, 2. Halbsatz ArbGG entnommen werden. Da nach dieser Bestimmung die betrieblichen Vertretungen als betriebsverfassungsrechtliche „Stellen" für beteiligungsfähig erklärt werden, ist nicht eine betriebsverfassungsrechtliche „Stelle" in einer bestimmten Besetzung am Verfahren beteiligt, sondern die „Stelle" als Institution innerhalb der betrieblichen Ordnung. Es kann gefolgert werden, daß die betrieblichen Vertretungen unabhängig von ihrer jeweiligen Mitgliederzusammensetzung am Verfahren beteiligt sind[22].

Für die Richtigkeit dieser Auffassung spricht auch folgende Erwägung. Während in den überwiegenden Fällen der Streitigen Gerichtsbarkeit um in der Vergangenheit liegende, abgeschlossene Ansprüche gestritten wird, ist im Beschlußverfahren über Lebenssachverhalte zu entscheiden, die auf das gegenwärtige und künftige betriebliche Leben Einfluß nehmen. Im wirklichen Sinne beteiligt, daß heißt betroffen, sind daher auch nur die Mitglieder, die der betriebsverfassungsrechtlichen Institution im jeweiligen Stand des Verfahrens angehören, nicht aber die aus ihr ausgeschiedenen.

Für die Identität einer betrieblichen Vertretung als Beteiligte ist es mithin ohne Bedeutung, wenn sich deren Zusammensetzung durch Tod oder Ausschluß eines Mitglieds und durch Nachrücken eines Ersatzmitgliedes ändert. Diese Regelung gilt für alle betriebsverfassungsrechtlichen „Stellen", auch für den Arbeitgeber. Der Wechsel der Mitglieder einer Personengesellschaft, einer offenen Handelsgesellschaft oder Kommanditgesellschaft, berührt nicht die Identität des beteiligten Arbeitgebers und damit dessen Beteiligungsfähigkeit im anhängigen Beschlußverfahren[23].

---

[20] Nach Schnorr von Carolsfeld, S. 419, führen die Mitglieder des Betriebsrates in ihrer alten Besetzung das Verfahren als notwendige Streitgenossen im Sinne des § 62 ZPO fort.

[21] BAG, DB 1968, S. 1820; vgl. auch Dietz / Richardi, § 1, Anm. 21.

[22] So BAG 21, S. 139 (146); Richardi, AP, Anm. zu § 94 ArbGG, Nr. 5.

[23] So BAG, DB 1968, S. 1585; Dietz / Richardi, § 1, Anm. 21; Richardi, AP, Anm. zu § 94 ArbGG, Nr. 5.

2. Unterbrechung oder Beendigung der Amtszeit einer Betriebsvertretung

Während bisher davon ausgegangen wurde, daß ausscheidende Mitglieder einer betriebsverfassungsrechtlichen „Stelle" durch neue ersetzt wurden, ist der weitere Fall denkbar, daß der Austausch der Mitglieder nicht kontinuierlich erfolgt.

Die Kontinuität der Beteiligung wird zwar in den Fällen gewahrt, in denen wie nach § 22 BetrVG eine Betriebsvertretung in ihrer alten Besetzung die erforderlichen Geschäfte bis zu einer Neuwahl fortführen darf. Bis zur Wahl des neuen Betriebsrats verliert der Betriebsrat in seiner alten Besetzung nicht die Fähigkeit, am Verfahren teilzunehmen[24]. Die Beteiligung am Verfahren wird allerdings unterbrochen, wenn die geschäftsführende Funktion einer Betriebsvertretung in der alten Besetzung erloschen und eine neue Vertretung nicht oder noch nicht gewählt worden ist. So endet die Geschäftsführungsbefugnis des alten Betriebsrats, wenn er zum Beispiel durch rechtskräftigen gerichtlichen Beschluß aufgelöst worden ist (§ 13 Abs. 2 Nr. 5 BetrVG). In diesen Fällen hat der Betriebsrat vorübergehend oder, falls eine Neuwahl gänzlich ausbleibt, endgültig seine Beteiligungsfähigkeit verloren.

Hieran knüpft sich die Frage, wie sich der vorübergehende oder auch endgültige Verlust der Beteiligungsfähigkeit auf das laufende Verfahren auswirkt.

Die Beantwortung dieser Frage könnte abhängig sein von der Stellung der betrieblichen Einrichtung im Verfahren als Antragsteller, als Beschwerdeführer oder als sonstiger Beteiligter.

Ist eine betriebliche Vertretung *Antragsteller* oder *Beschwerdeführer*, so kann bei Verlust ihrer Beteiligungsfähigkeit das Verfahren nicht fortgeführt werden[25]. Es würde ihr sonst das Recht genommen werden, ihren Antrag noch vor einer gerichtlichen Entscheidung „zurückzuziehen" oder ihre Beschwerde „zurücknehmen" zu können, was ihr nach den gesetzlichen Vorschriften jederzeit gestattet ist (§§ 81 Abs. 2 Satz 1, 89 Abs. 4 Satz 1, 94 Abs. 3 Satz 1 ArbGG).

Verliert die Betriebsvertretung in diesem Falle ihre Beteiligungsfähigkeit, kann das Verfahren so lange nicht fortgeführt werden, bis sie wieder beteiligungsfähig ist. Das Verfahren ist zu unterbrechen.

---

24 Vgl. Fitting / Auffarth / Kaiser, § 22, Anm. 8; Galperin / Löwisch, § 22, Anm. 5; Dietz / Richardi, § 22, Anm. 4.

25 Es handelt sich um eine Sachentscheidungsvoraussetzung. Vgl. Rosenberg / Schwab, S. 204; Grunsky, § 10, Anm. 1, § 80, Anm. 15; Lepke, BB 1977, S. 54. a. M. BAG 10, S. 154, unter Bezugnahme auf die Offizialmaxime; BAG 18, S. 182 (185) mit Zustimmung Müller, Beschlußverfahren, S. 40; BAG 23, S. 209. Kitzelmann, S. 306, fordert de lege ferrenda Klarstellung, daß „Antragsbefugnis während des ganzen Verfahrens vorliegen muß".

Eine vergleichbare Regelung findet sich in § 239 ZPO. Nach § 239 ZPO ist das Verfahren beim Tod einer Partei gleichfalls zu unterbrechen, bis ein Rechtsnachfolger das Verfahren wieder aufnimmt. Der in § 239 ZPO geforderten förmlichen Wiederaufnahme durch den Rechtsnachfolger bedarf es im Beschlußverfahren allerdings nicht. Durch das Erfordernis der „Aufnahme" des Rechtsstreits in § 239 ZPO soll der besonderen Stellung des Erben entsprochen werden, der, solange ihm noch die Möglichkeit der Erbausschlagung offensteht, nicht in eine ihn belastende Stellung gezwungen werden darf.

Unterbleibt auf unabsehbare Zeit die Bildung der betriebsverfassungsrechtlichen Institutionen in der gesetzlich vorgesehenen Weise, wird dem Gericht die Möglichkeit gegeben werden müssen, das Verfahren durch Einstellung abzuschließen[26]. Da ein Beteiligter zur Weiterverfolgung des Antrags nicht mehr vorhanden ist, kann das Verfahren wegen Fehlens einer Sachentscheidungsvoraussetzung eingestellt werden.

Es bleibt zu untersuchen, ob die gleichen Rechtsfolgen eintreten, wenn ein *sonstiger Beteiligter* am Verfahren seine Beteiligungsfähigkeit verliert. Gesetzliche Vorschriften regeln auch diesen Fall nicht.

Wie bei der Erörterung des Verfahrensmodells ausgeführt wurde, richtet sich der Antrag des Antragstellers auf die Entscheidung einer betriebskonstitutionellen Frage nicht in jedem Fall *gegen* einen Beteiligten; das Vorhandensein weiterer Beteiligter ist daher für den Ablauf des Verfahrens keine notwendige Voraussetzung[27]. Hieraus kann gefolgert werden, daß der Wegfall der Beteiligung einer betrieblichen Institution, die weder Antragsteller noch Beschwerdeführer ist, auf den Fortgang des Verfahrens keinen Einfluß haben kann.

Daß der Wegfall der Beteiligungsfähigkeit einer der — häufig zahlreichen — Beteiligten nicht zur Unterbrechung des Verfahrens führt, entspricht auch rechtspolitischen Überlegungen. Auf diese Weise wird verhindert, daß durch Unterlassen der Neuwahl der betreffenden Betriebsvertretung das Verfahren verzögert oder eine gerichtliche Entscheidung umgangen wird.

---

[26] Die Frage, nach welcher Zeit das Gericht zur Einstellung berechtigt ist, läßt sich nur aus den näheren Umständen des Sachverhalts entnehmen. Das Gericht muß nach Unterrichtung über die Vorgänge im Betrieb — gegebenenfalls durch Anhörung von Arbeitnehmern — zur Überzeugung gelangt sein, daß die Bildung einer betriebsverfassungsrechtlichen Institution auf unbestimmte Zeit ernsthaft nicht in Betracht gezogen wird. Vgl. BAG, AP, § 94 ArbGG, Nr. 5, das zum selben Ergebnis kommt, aber vom Wegfall des „Rechtsschutzinteresses" spricht. Gegen diese Begründung Richardi, Anm. zum Beschluß des BAG, ebd.

[27] Das ergibt sich schon daraus, daß alle sonstigen Beteiligten nach § 83 Abs. 2 ArbGG ohne Rechtsnachteil dem Verfahren fernbleiben können. Dem Beschlußverfahren ist die Institution eines Versäumnisurteils fremd.

3. Auswirkungen einer Betriebsstillegung

Die Beteiligungsfähigkeit betrieblicher Einrichtungen kann auch durch die Stillegung eines Betriebs in Frage gestellt werden. Da die Begründung einer Betriebsvertretung die Existenz eines Betriebes voraussetzt, müßte im umgekehrten Fall die Stillegung eines Betriebes dazu führen, daß das Amt der Betriebsvertretung endet[28] und damit ihre Beteiligungsfähigkeit im Verfahren wegfällt. Der Verlust der Beteiligungsfähigkeit einer Betriebsvertretung müßte wiederum, wenn sie das Verfahren beantragt hat, zur Beendigung des Verfahrens führen.

Die angeführte Problematik erwächst daraus, daß die Vorschriften des Betriebsverfassungsgesetzes keine Regelungen kennen, wie sie bei der Liquidation eines Vereins (§§ 48 ff. BGB), der Offenen Handelsgesellschaft (§§ 145 ff. HGB) oder anderer Gesellschaften vorgesehen sind. Den letztgenannten Vorschriften liegt der allgemeine Rechtsgedanke zugrunde, daß nach Beendigung einer rechtlich anerkannten Einheit ein Weg gegeben sein muß, um die noch offenstehenden Fragen abzuwickeln.

Ganz ähnlich verhält es sich, wenn infolge der Beendigung einer betrieblichen Vertretung Fragen ungeregelt blieben, für deren Abwicklung ein rechtlich anerkanntes Bedürfnis besteht.

Wenn die im Streit befindliche Angelegenheit für die Beteiligten oder Dritte sich durch die Stillegung eines Betriebes nicht erledigt, sondern noch Auswirkungen haben kann[29], wäre es nicht sachgerecht, daß der Ausgang eines Verfahrens von dem Umstand der Schließung des Betriebes abhängt.

Wegen der vergleichbaren Rechtslage sollte der in den genannten Vorschriften enthaltene Rechtsgedanke auch für die betriebsverfassungsrechtlichen Einrichtungen Anwendung finden. Die Stillegung des Betriebes berührt in den Fällen nicht die Beteiligungsfähigkeit[30] der Betriebsvertretungen, in denen die zur Entscheidung stehende Angelegenheit noch in der angeführten Weise Auswirkungen haben kann[31].

---

[28] BAGE 8, S. 207 (213).

[29] Vgl. BAG, ebd., und auch den Fall, den das Bundesarbeitsgericht in ArbuR 1965, S. 121, zu entscheiden hatte. Hier hatte der Betriebsrat vor Stillegung des Betriebes ein Verfahren darüber beantragt, ob die Kündigungen des Arbeitgebers wirksam waren.

[30] Das BAG in BAGE 16, S. 177 (180), spricht in diesem Zusammenhang von einer „partiellen Beteiligungsfähigkeit". Der Ausdruck ist irreführend, da die Betriebsvertretungen für dieses Verfahren in vollem Umfang beteiligungsfähig sind.

[31] Vgl. BAGE 16, S. 177 (180); BAG, ArbuR 1965, S. 121; Lepke, BB 1977, S. 55, und die dort zitierte Literatur.

Die unmittelbare Beendigung des Verfahrens würde darüber hinaus zu dem rechtspolitisch nicht wünschenswerten Ergebnis führen, daß es der Arbeitgeber in der Hand hätte, durch Stillegung eines Betriebes den Streit über eine betriebsverfassungsrechtliche Frage zu beenden.

B. Die Fähigkeit, Handlungen vornehmen zu können

An die Untersuchung der Beteiligungsfähigkeit schließt sich die Frage an, ob und unter welchen Voraussetzungen ein Beteiligter vor Gericht handeln kann. Der Gesetzgeber hat in Anlehnung an die zivilprozessuale Terminologie die Frage der Handlungsfähigkeit im § 80 Abs. 2 ArbGG für den 1. Rechtszug und gleichlautend im § 87 Abs. 2 ArbGG und § 92 Abs. 2 ArbGG für den 2. und 3. Rechtszug unter dem Begriff der „Prozeßfähigkeit" (§ 51 ZPO) geregelt.

§ 51 ZPO definiert die „Prozeßfähigkeit" als die „Fähigkeit einer Person, vor Gericht zu stehen". Gemäß dieser Bestimmung kann mithin unter der „Prozeßfähigkeit" im Beschlußverfahren die Fähigkeit eines Beteiligten bezeichnet werden, vor Gericht verfahrensrechtlich wirksame Handlungen selbst oder durch selbst bestellte Vertreter vornehmen oder entgegennehmen zu können.

Nach den angeführten Vorschriften (§§ 80, 87, 92 ArbGG) ist die Prozeßfähigkeit im Beschlußverfahren entsprechend den „für das Urteilsverfahren maßgebenden Vorschriften" zu bestimmen. Es gelten daher auch im Beschlußverfahren die Vorschriften der §§ 46 Abs. 2, 64 Abs. 2, 72 Abs. 2 ArbGG, die wiederum auf die Vorschriften der §§ 51 ff. ZPO verweisen.

Nach § 52 ZPO ist derjenige prozeßfähig, der sich „durch Verträge verpflichten kann". Da nur rechtsfähige und geschäftsfähige Personen imstande sind, sich durch Verträge zu verpflichten, setzt mithin § 52 ZPO als Voraussetzung der Prozeßfähigkeit das Vorhandensein der Rechts- und Geschäftsfähigkeit voraus.

I. Die Handlungsfähigkeit natürlicher Personen

Aus der entsprechenden Anwendung der §§ 51 ff. ZPO folgt, daß im Beschlußverfahren alle natürlichen Personen prozeßfähig sind, die im Sinne des Bürgerlichen Rechts geschäftsfähig sind (§§ 104 ff. BGB).

Fraglich ist, ob auch *Minderjährige* im Beschlußverfahren wirksam Prozeßhandlungen vornehmen können.

Diese Rechtsfolge läßt sich jedenfalls für im Arbeitsverhältnis stehende Minderjährige bereits aus § 113 BGB ableiten.

In Auslegung des § 113 BGB kann danach gefolgert werden, daß der Minderjährige auch in betriebsverfassungsrechtlichen Fragen „in Erfüllung der sich aus einem Dienst- oder Arbeitsverhältnis ergebenden Verpflichtungen“ geschäftsfähig und somit im Beschlußverfahren als handlungsfähig anzusehen ist[32].

Eine Ausdehnung des § 113 BGB auf Minderjährige, die sich noch in einem Ausbildungsverhältnis befinden, widerspricht aber dem Wortlaut dieser Vorschrift und ist daher nicht zulässig[33]. Als Ausnahmeregelung zum Schutz der Minderjährigen verbietet sich für § 113 BGB eine extensive Auslegung oder analoge Anwendung[34]. Die Handlungsfähigkeit Minderjähriger im Beschlußverfahren könnte jedoch generell damit begründet werden, daß Minderjährige auch nach dem materiellen Recht Rechtshandlungen im Rahmen der betriebsverfassungsrechtlichen Ordnung, zum Beispiel als Jugendvertreter, wahrnehmen können. § 63 BetrVG verleiht „jugendlichen Arbeitnehmern“ sogar ausdrücklich die Berechtigung, „beim Arbeitsgericht Antrag“ auf Einsetzung eines Wahlvorstandes zu „stellen“.

Wenn das Gesetz Minderjährige im betriebskonstitutionellen Bereich als geschäftsfähig erachtet, erscheint der Schluß erlaubt, diese Handlungsfähigkeit den Minderjährigen auch vor Gericht zuzuerkennen, wenn es im Beschlußverfahren um die gerichtliche Verwirklichung der betriebsverfassungsrechtlichen Ordnung geht[35]. Dafür sprechen auch Vorschriften im materiellen Recht wie die erwähnte Vorschrift des § 63 BetrVG, die die Handlungsfähigkeit Minderjähriger vor Gericht ausdrücklich zugrunde legt.

II. Die Handlungsfähigkeit betriebsverfassungsrechtlicher Stellen

Auch die betrieblichen Einrichtungen wären nach dem *Wortlaut* der für entsprechend anwendbar erklärten Bestimmung des § 52 ZPO zur Vornahme von Prozeßhandlungen nicht fähig, da die Prozeßfähigkeit nach § 52 ZPO Rechts- und Geschäftsfähigkeit voraussetzt, die betriebsverfassungsrechtlichen Stellen in der Regel jedoch rechtlich nicht selbständig sind.

---

32 Dietz / Nikisch, § 11, Anm. 15; Grunsky, § 10, Anm. 29; Brill, S. 288; Woltereck, S. 266.

33 So Brill, S. 286, und die dort zit. Entscheidungen.

34 Brill, ebd.

35 Vgl. Grunsky, § 80, Anm. 16, der aus den gleichen Überlegungen betriebsverfassungsrechtlichen Institutionen Handlungsfähigkeit zuerkennt.

Die vom Gesetzgeber erklärte Beteiligungsfähigkeit der Betriebsvertretungen wäre jedoch bedeutungslos, wenn sie nicht selbst oder durch selbst gewählte Vertreter vor Gericht wirksam Handlungen vornehmen könnten.

Es stellt sich die Frage, ob die Betriebsvertretungen in Beschlußsachen in entsprechender Anwendung der §§ 50, 52 ZPO wie ein nichtrechtsfähiger Verein als handlungsfähig anzusehen sind.

Die Rechtslage ist insofern vergleichbar, als daß unter gewissen Voraussetzungen auch der nichtrechtsfähige Verein trotz fehlender rechtlicher Selbständigkeit am Prozeß teilnehmen darf. Nach § 50 Abs. 2 ZPO wird der nicht rechtsfähige Verein für diesen Fall seiner Parteifähigkeit, das heißt, wenn er verklagt wird, einem rechtsfähigen Verein gleichgestellt. Für ihn kann wie bei einem rechtsfähigen Verein der Vorstand wirksam Prozeßhandlungen vornehmen.

Gegen eine entsprechende Anwendung der §§ 50 Abs. 2, 52 ZPO können rechtsdogmatische Bedenken eingewandt werden, da die betriebsverfassungsrechtlichen Einrichtungen ihrem Aufbau nach wesentlich von den Vereinen abweichen, insbesondere keinen entsprechend vertretungsberechtigten Vorstand besitzen.

Nach den Bestimmungen des Betriebsverfassungsgesetzes bilden die betrieblichen Vertretungen ihren Willen in Form eines Beschlusses. Eine dem Vereinsrecht vergleichbare gesetzliche Vertretung der betriebsverfassungsrechtlichen Institutionen sieht das Betriebsverfassungsgesetz nicht vor. Eine Ausnahme gilt auch nicht für diejenigen Betriebsvertretungen, die wie der Betriebsrat durch einen Vorsitzenden „vertreten" werden. Nach seiner gesetzlichen Stellung „vertritt" der Vorsitzende lediglich den Betriebsrat „im Rahmen der von ihm gefaßten Beschlüsse" (§ 26 BetrVG). Er ist nicht Vertreter im Willen, sondern in der Erklärung[36].

Die Betriebsvertretungen vermögen somit vor Gericht in der gleichen Weise ihren Willen zu bilden und verfahrensrechtlich wirksam zu äußern, in der sie ihre Willensbildung nach den Bestimmungen des Betriebsverfassungsgesetzes auch außergerichtlich vollziehen[37].

Hieraus folgt, daß die Entscheidung über die Vornahme bestimmter prozessualer Handlungen allein den Betriebsvertretungen selbst, auch wenn ein Vorsitzender „vertretungsberechtigt" ist, vorbehalten ist. Im Verfahren handeln daher die betriebsverfassungsrechtlichen Einrich-

---

[36] So BT-Drucksache Nr. 35857, S. 7; zur gleichlautenden Regelung des Betriebsverfassungsgesetzes 1952; ferner Herschel, RdA 1959, S. 81 (82); Fitting / Auffarth / Kaiser, § 26, Anm. 26; unklar Grunsky, § 10, Anm. 25.

[37] So Dersch / Volkmar, 6. Aufl., § 81, Anm. 2; Schneider, AR-Blattei, Arbeitsgerichtsbarkeit XII E II.

tungen durch ihre Mitglieder als „körperschaftliche Partei". Die Willensbildung erfolgt also auch vor Gericht ausschließlich in Form eines Beschlusses.

Es bedarf keiner weiteren Ausführungen, daß diese schwerfällige Verfahrensweise in der Willensbildung einer zügigen Verhandlungsführung des Gerichts dann entgegensteht, wenn sich der Mehrheitswille der Betriebsvertretungen noch nicht vor Verfahrensbeginn gebildet hat. Während der Verhandlung kann ein Erforschen des Mehrheitswillens durch Befragen der einzelnen Mitglieder der Betriebsvertretungen nicht als zulässig angesehen werden, da die Beschlußfassung beispielsweise des Betriebsrats regelmäßig eine Verhandlung, also Diskussion der Betriebsratsmitglieder voraussetzt[38], die zudem nach § 30 BetrVG „nicht öffentlich" stattfindet. Wenn daher ein körperschaftlicher Beteiligter über eine prozessuale Handlung wie die Rückziehung seines Antrags beraten will, hat das Gericht keine andere Wahl, als die Verhandlung zu unterbrechen.

Eine Vereinfachung des Verfahrensablaufs könnte lediglich erreicht werden, wenn es den Betriebsvertretungen gestattet ist, sich durch einen Bevollmächtigten vertreten zu lassen. Auf die Einzelheiten der Zulässigkeit einer Vollmachtserteilung und ihres Umfangs wird noch im Abschnitt über die „Prozeßvertretung" zurückzukommen sein.

III. Die Handlungsfähigkeit einer Gruppe von Arbeitnehmern (§§ 16 - 19, 23 BetrVG)

Nach Erörterung der Handlungsfähigkeit der natürlichen Personen und der betrieblichen Einrichtungen im Beschlußverfahren soll als Sonderfall schließlich noch untersucht werden, in welcher Weise die in den §§ 16 bis 19, 23 BetrVG genannten Gruppen von „drei Wahlberechtigten" oder von „einem Viertel der wahlberechtigten Arbeitnehmer" verfahrensrechtlich wirksame Handlungen vornehmen können.

Wie bereits ausgeführt wurde, sind diese Personengruppen nicht als betriebsverfassungsrechtliche „Stellen" im Sinne des § 10 ArbGG beteiligungsfähig.

Da jede Person einzeln am Verfahren beteiligt ist, stellen diese Personengruppen auch kein körperschaftliches Gebilde dar, das durch Mehrheitsbeschluß seinen Willen bildet. Verfahrensrechtlich handeln mithin die einzelnen beteiligten Personen selbständig, wenn die Wirk-

---

[38] Durch die Diskussion soll den Betriebsratsmitgliedern die Möglichkeit gewährt werden, auf die Meinungsbildung der anderen einzuwirken. Vgl. LAG Baden-Württemberg, BB 1965, S. 1395; Dietz / Richardi, § 33, Anm. 2, und die dort zitierte Literatur.

samkeit ihrer Handlungen auch weitgehend abhängt von der Mitentscheidung der anderen Mitglieder der Personengruppe. Wirksame, das Verfahren einleitende oder fortführende Prozeßhandlungen wie die Antragstellung oder Einlegung der Beschwerde liegen nur vor, wenn die Mindestanzahl der Stimmen entweder von drei Arbeitnehmern oder einem Viertel der Belegschaft erreicht wird. Nur dieses Quorum hat der Gesetzgeber in den betreffenden Bestimmungen für rechtlich bedeutsam erklärt.

Die Mitglieder einer solchen Personengruppe sind ferner in entsprechender Anwendung des § 81 Abs. 2 ArbGG imstande, sich ohne weiteres vom Verfahren „zurückzuziehen". Wenn sich nach § 81 Abs. 2 ArbGG ein Antragsteller durch „Rückziehung" seines Antrags „jederzeit" vom Verfahren lösen kann, ist es auch als zulässig anzusehen, daß sich ein Mitglied einer Gruppe von Antragstellern, die einen gemeinsamen Antrag verfolgen, jederzeit vom Verfahren „zurückziehen" kann.

Diese Entscheidung hat zwar grundsätzlich keinen Einfluß auf den Antrag der anderen Beteiligten. Das Verfahren ist auch nicht ohne weiteres einzustellen, solange nur so viele Mitglieder der Personengruppe ihren Antrag aufrechterhalten, daß noch die gesetzlich festgelegte Mindestzahl von „drei Arbeitnehmern" (§§ 16 bis 19 BetrVG) oder einem „Viertel der Arbeitnehmer" (§ 23 BetrVG) erreicht wird. Erst wenn so viele Antragsteller ihren Antrag „zurückziehen", daß die verbleibenden Antragsteller die gesetzlich festgelegte Mindestzahl nicht mehr erreichen, ist der Antrag der verbleibenden Antragsteller, wie noch im Zusammenhang mit der Untersuchung der Antragbefugnis näher erläutert wird, wegen Wegfalls der Antragsberechtigung zurückzuweisen[39].

Für die Prozeßführung kann sich der Umstand, daß die Willensbildung der Personengruppe nicht wie bei den Betriebsvertretungen in körperschaftlicher Form durch Beschluß erfolgt, in gewisser Hinsicht erleichternd auswirken. Das Gericht braucht zur Klärung der Frage, ob ein prozessualer Antrag gestellt werden soll, nicht das Verfahren zu unterbrechen oder auszusetzen. Es kann, ohne einen Beschluß herbeiführen zu müssen, die Meinung der einzelnen Mitglieder durch Befragen erforschen.

---

[39] Vgl. Dersch / Volkmar, 6. Aufl., § 81, Anm. 6; Dietz / Nikisch, § 81, Anm. 30; Schneider, AR-Blattei, Arbeitsgerichtsbarkeit XII E 10. Nach Dersch / Volkmar und Schneider müssen „dieselben Personen" die Rücknahme des Antrags erklären, „da andernfalls der Antrag dieser Minderheit durch eine gleich große Minderheit zunichte gemacht werden könnte". Diese Auffassung beruht darauf, daß Antragsteller „stets eine bestimmte Minderheit" sei.
a. M. BAG, BB 1970, S. 37; vgl. ferner Auffarth / Schönherr, § 80, Anm. II 10.

Die Beteiligung aller Antragsteller am Verfahren kann das Gericht andererseits wegen der möglichen großen Zahl vor technisch kaum lösbare Probleme stellen. Der Gesetzeswortlaut läßt jedoch ein anderes Verfahren nicht zu. Den Gerichten bleibt allein die Möglichkeit, den Antragstellern nahezulegen, sich durch einen oder gegebenenfalls auch mehrere Prozeßbevollmächtigte vertreten zu lassen.

C. Die Berechtigung, im Verfahren Beteiligter zu sein

Im vorangegangenen wurden die Voraussetzungen, die zur Teilnahme am Verfahren befähigen, sowie die Fähigkeit untersucht, im Verfahren wirksam Handlungen vornehmen zu können. Die dritte Frage, die die Beteiligung am Beschlußverfahren aufwirft, betrifft das Problem der Teilnahmeberechtigung. Sie verlangt eine Untersuchung, wer am konkreten Verfahren als Beteiligter teilzunehmen berechtigt ist[40].

Der „Teilnahmeberechtigung" im Beschlußverfahren entspricht in der Streitigen Gerichtsbarkeit die „Prozeßführungsbefugnis"[41]. Unter diesem Begriff ist das Recht einer Partei zu verstehen, einen Prozeß als die richtige Partei im eigenen Namen führen zu dürfen[42]. Die Übernahme des Begriffs der „Prozeßführungsbefugnis" in die Terminologie des Beschlußverfahrens ist nicht sinnvoll, da, wie bei der Wiedergabe des vom Gesetzgeber für das Beschlußverfahren zugrundegelegten Verfahrensmodells aufgezeigt und noch näher nachgewiesen werden soll, die Verfügungsmacht der Beteiligten über das Verfahren zu gering ist[43], als daß von einer „Prozeßführung" gesprochen werden könnte.

Die Voraussetzungen für die Teilnahmeberechtigung sind im Beschlußverfahren genausowenig geregelt wie die Voraussetzungen der

---

[40] Nach Hueck / Nipperdey, 1. Band, 7. Aufl., S. 975, und Grunsky, § 81, Anm. 6, handelt es sich bei der Frage, wer im konkreten Fall zu beteiligen ist und Sachanträge stellen darf, um eine Frage des materiellen Rechts. Richtig an dieser Auffassung ist, daß für die Bestimmung der Teilnahmeberechtigung, wie insbesondere § 83 Abs. 1 ArbGG zeigt, Gesichtspunkte des Betriebsverfassungsrechts zu berücksichtigen sind.

[41] So Etzel, RdA 1974, S. 224; Müller, Beschlußverfahren, S. 38; Wiese, Anmerkung zum Beschluß des BAG, AP, § 37 BetrVG, Nr. 6.

[42] Vgl. Baumbach / Lauterbach, Grundz. § 50, Anm. 4; Rosenberg / Schwab, S. 224 ff.

[43] Die Beteiligten können nach den Bestimmungen über das Beschlußverfahren allein durch ihren Antrag die Einleitung und durch die Rückziehung ihres Antrags die Einstellung des Verfahrens erwirken. Während des Verfahrens wird ihnen im übrigen Anspruch auf rechtliches Gehör eingeräumt. Vgl. hierzu Etzel, ebd.

Prozeßführungsbefugnis in der Streitigen Gerichtsbarkeit[44]. Lediglich im materiellen Recht, dem Betriebsverfassungsgesetz, finden sich Bestimmungen, die für einige bestimmte Fälle die Antragsberechtigung im Beschlußverfahren festlegen. Auf sie wird noch näher einzugehen sein.

Da die Voraussetzungen der Teilnahmeberechtigung für die Antragsteller und für die übrigen Beteiligten unterschiedlich sein können, wird die Teilnahmeberechtigung des Antragstellers und die der übrigen Beteiligten getrennt untersucht.

I. Die Berechtigung, als Antragsteller aufzutreten

Die Antragstellung für das Beschlußverfahren wird in § 81 ArbGG geregelt. Diese Vorschrift bestimmt, daß „das Verfahren ... nur auf Antrag eingeleitet" werden kann.

1. Allgemeines

Der Gesetzeswortlaut nennt keine Voraussetzungen für die Berechtigung, einen Antrag stellen zu dürfen. Nach der Formulierung des § 81 ArbGG könnte daher auf eine unumschränkte Antragsbefugnis aller beteiligungsfähigen „Personen und Stellen" im Sinne des § 10, 2. Halbsatz ArbGG geschlossen werden. Diese Auffassung wird zum Beispiel von Goetz Hueck[45] vertreten.

Ihr kommen ferner diejenigen sehr nahe, nach denen ein Beteiligter schon wegen seines „Interesses an der gesetzmäßigen Durchführung des Betriebsverfassungsgesetzes" berechtigt sei, einen Antrag stellen zu dürfen[46]. Da Organisationen wie die Gewerkschaften als Arbeitnehmervertreter an allen betriebsverfassungsrechtlichen Fragen ihr Interesse bekunden könnten, würde deren Antragsbefugnis im Ergebnis nie verneint werden dürfen[47].

Die Zulässigkeit einer unbegrenzten Antragsbefugnis aller oder bestimmter Beteiligter begegnet jedoch erheblichen Zweifeln.

Gegen ihre Zulässigkeit läßt sich anführen, daß nach dem Willen des Gesetzgebers die betrieblichen Parteien über die Verwirklichung des

---

[44] ArbG Berlin, AP, § 81 ArbGG, Nr. 10.

[45] Vgl. Hueck / Nipperdey, 1. Bd., 7. Aufl., S. 977: „Fehlt eine besondere Vorschrift (die wie § 23 BetrVG die Antragsberechtigung ausdrücklich vorschreibt), so steht das Antragsrecht jedem Beteiligten zu."

[46] So BAG, AP, § 76 BetrVG Nr. 7, mit ablehnender Anm. von Kötter; ferner BAG, AP, § 81 BetrVG Nr. 6, mit ablehnender Anm. von Pohle; vgl. auch Etzel, RdA 1974, S. 224; Ordemann, S. 412 ff.

[47] Vgl. BAG, SAE 1976, S. 201 ff., mit Anmerkung von Galperin; Etzel, ebd.; Lepke, ArbuR 1973, S. 110.

im Betriebsverfassungsgesetz festgelegten Ordnungsmodells selbst bestimmen. Die Freiheit der betrieblichen Parteien über die Gestaltung des betrieblichen Bereichs würde aber eingeengt werden, wenn ein beliebiger Antragsteller, der an der Gestaltung eines konkreten Bereiches nach den Regelungen des Betriebsverfassungsgesetzes nicht beteiligt ist, nur aus einem subjektiven Interesse mit Hilfe des Gerichts in ihren Zuständigkeitsbereich eingreifen könnte. Das „Interesse an der gesetzmäßigen Durchführung des Betriebsverfassungsgesetzes“ allein reicht daher zur Begründung einer Antragsbefugnis im Beschlußverfahren nicht aus[48].

Das Vorliegen einer Antragsbefugnis im Beschlußverfahren könnte ebenso wie die Prozeßführungsbefugnis im arbeitsgerichtlichen Urteilsverfahren nur dann angenommen werden, wenn der Antragsteller durch die zu entscheidende Angelegenheit in seinen „Rechten“ betroffen wird[49]. Im arbeitsgerichtlichen Urteilsverfahren wie im Zivilprozeß steht die Prozeßführungsbefugnis — vom Fall der Prozeßstandschaft abgesehen — nur den „Trägern des streitigen Rechtsverhältnisses“ zu, denjenigen also, die aus dem Rechtsverhältnis unmittelbar berechtigt oder verpflichtet werden können[50].

Gegen die Übernahme der zivilprozessualen Regelung spricht jedoch, daß im Beschlußverfahren anders als im Zivilprozeß nicht die Wahrung eigener subjektiver Rechte, sondern die Sicherstellung der betriebsverfassungsrechtlichen Ordnung Gegenstand des Verfahrens ist. Die Antragsberechtigung kann nach diesem Verfahrensziel nur nach dem betriebsverfassungsrechtlichen Zuständigkeitsbereich der zur Entscheidung stehenden Angelegenheit bestimmt werden[51].

Dementsprechend ist der Betriebsrat befugt, eine gerichtliche Entscheidung über das Bestehen einer Betriebsvereinbarung zu beantragen, auch wenn diese nicht seine, sondern die Rechte der Arbeitnehmer berührt. Antragsberechtigt ist der Betriebsrat, weil der Abschluß und die Gestaltung von Betriebsvereinbarungen innerhalb der betriebsverfassungsrechtlichen Ordnung in seinen Zuständigkeitsbereich fällt.

---

48 Vgl. ArbG Berlin, AP, § 81 ArbGG, Nr. 10.

49 So Dietz, DRiZ 1954, S. 25 (27); Frauenkron, S. 99. Vgl. Schnorr von Carolsfeld, S. 497: „Notwendig (ist), daß ein Recht dieser Personen Gegenstand der Entscheidung bildet.“ Grunsky, § 80, Anm. 29, verweist auf die Prozeßführungsbefugnis im Urteilsverfahren und führt aus, daß der Antragsteller „ein eigenes Recht“ geltend machen muß. Vgl. auch Etzel, RdA 1974, S. 224; Lepke, ArbuR 1973, S. 107.

50 Baumbach / Lauterbach, Grundz. § 50, Anm. 4; Rosenberg / Schwab, S. 224 ff.

51 Vgl. BAG, AR-Blattei, Arbeitsgerichtsbarkeit XII Nr. 2; Schnorr von Carolsfeld, S. 498; Drucksache des Reichstages, 3. Wahlperiode, Nr. 2065, S. 46: „Wer im Einzelfall an dem Beschlußverfahren beteiligt ist, ergibt sich aus dem dem Verfahren zugrundeliegenden Betriebsrätegesetz.“

Auch ein Blick auf die Verfahren der Freiwilligen Gerichtsbarkeit, denen das Beschlußverfahren — wie dargestellt wurde — nachgebildet ist, zeigt, daß bei Fehlen ausdrücklicher Regelungen auch hier nur derjenige antragsberechtigt ist, der durch die zu regelnde Angelegenheit unmittelbar in seinen Rechten betroffen wird[52].

Zur Einleitung des Verfahrens sind demnach diejenigen „Personen und Stellen" berechtigt, die durch die im Streit befindliche Angelegenheit in dem Bereich unmittelbar berührt werden, an dessen Gestaltung sie innerhalb der betrieblichen Ordnung nach dem Betriebsverfassungsgesetz und den dazu ergangenen Rechtsverordnungen Einfluß nehmen können[53].

2. Antragsbefugnis auf Grund gesetzlicher Einzelregelungen

In einigen Fällen hat der Gesetzgeber den Kreis der zur Antragstellung berechtigten Personen und betriebsverfassungsrechtlichen Einrichtungen besonders festgelegt.

Diese Fälle betreffen im wesentlichen die Bestellung eines Wahlvorstandes (§ 16 BetrVG), die Ersetzung des Wahlvorstandes, falls dieser seinen Pflichten nicht nachkommt (§ 18 BetrVG), die Entscheidung über die Zugehörigkeit eines Nebenbetriebes oder eines Betriebsteils zum Hauptbetrieb (§ 18 BetrVG), die Anfechtung der Wahl zum Betriebsrat (§ 19 BetrVG) und die Auflösung des Betriebsrats oder die Abberufung eines Betriebsratsmitgliedes (§ 23 BetrVG). In diesen Fällen sind — je nach der zu entscheidenden Angelegenheit — der Arbeitgeber, der Wahlvorstand, eine im Betrieb vertretene Gewerkschaft, der Betriebsrat oder eine Gruppe von Arbeitnehmern von mindestens „drei Wahlberechtigten" oder von mindestens „einem Viertel der wahlberechtigten Arbeitnehmer" zur Antragstellung befugt.

Damit stellt sich die Frage, ob dieser gesetzlichen Regelung gegenüber der allgemeinen Bestimmung der Antragsberechtigung selbständige Bedeutung zukommt. Dies ist der Fall, wenn die gesetzliche Regelung von der allgemeinen Bestimmung der Antragsberechtigung abweicht, wie sie im vorangegangenen erarbeitet wurde. Diese Frage soll am Beispiel des § 16 BetrVG geprüft werden.

Nach § 16 BetrVG sind „drei Wahlberechtigte" oder „eine im Betrieb vertretene Gewerkschaft" befugt, den Antrag auf Bestellung eines Wahlvorstandes zu stellen, falls „vier Wochen vor Ablauf der Amtszeit des Betriebsrats kein Wahlvorstand" besteht.

---

52 Vgl. Keidel / Winkler, § 12, Anm. 7, 14.

53 So BAG 2, S. 97 (98, 99); BAG, BB 1977, S. 296; ArbG Berlin, AP, § 81 ArbGG, Nr. 10; Etzel, RdA 1974, S. 224; Galperin, SAE 1976, S. 203; Wichmann, ArbuR 1973, S. 234.

Da es zur Aufgabe des Wahlvorstandes gehört, die Wahl für den Betriebsrat „einzuleiten" (§ 18 BetrVG), berührt seine Bestellung nach dem Betriebsverfassungsgesetz den Zuständigkeitsbereich aller wahlberechtigten Arbeitnehmer. Mithin wären gemäß der allgemeinen Bestimmung der Antragsberechtigung, nach der derjenige zur Antragstellung befugt ist, in dessen Zuständigkeitsbereich die zu entscheidende Angelegenheit gehört, alle Arbeitnehmer befugt, den Antrag auf Bestellung eines Wahlvorstandes zu stellen. Der Gesetzgeber hat somit durch die Regelung, daß nur drei Wahlberechtigte gemeinsam diesen Antrag stellen können, die Antragsbefugnis des einzelnen wahlberechtigten Arbeitnehmers eingeengt[54].

Zugleich wird durch das Gesetz aber auch der Kreis der Antragsberechtigten erweitert, indem eine „im Betrieb vertretene Gewerkschaft" für antragsberechtigt erklärt wird, obwohl diese an der Wahl des Betriebsrats nicht beteiligt ist, die zur Entscheidung stehende Angelegenheit also nicht in ihre betriebsverfassungsrechtliche Zuständigkeit fällt[55].

Die Gründe für die besondere, von der allgemeinen Definition der Antragsberechtigung abweichenden Regelung der Antragsberechtigung in den vorgenannten Fällen sind im materiellen Recht zu suchen.

Durch Gewährung der Antragsberechtigung soll aus rechtspolitischen Gründen die Stellung der Gewerkschaften im materiellen Recht gestärkt werden. Das Erfordernis, daß nur drei Wahlberechtigte einen Antrag auf Bestellung des Wahlvorstandes sowie auf Ungültigkeitserklärung der Betriebsratswahl und daß ferner nur eine Gruppe von einem Viertel der wahlberechtigten Arbeitnehmer eine Abberufung des Betriebsrats beantragen darf, ist wegen der weitreichenden Folgen aufgestellt worden, die die gerichtliche Entscheidung in diesen Fällen auf die betriebliche Ordnung hat. Es sollte verhindert werden, daß einzelne Arbeitnehmer durch ihre Anträge eine von der nahezu vollständigen Belegschaft gebilligte Ordnung in Frage stellen und dadurch den betrieblichen Frieden gefährden können[56].

Die Untersuchung hat mithin gezeigt, daß die Regelung der Antragsberechtigung in den angeführten gesetzlichen Vorschriften von der generellen Bestimmung der Antragsberechtigung abweicht. Den in den

---

54 Vgl. Etzel, RdA 1974, S. 225.

55 Eine derartige positive Regelung wäre im übrigen überflüssig, wenn nur das Interesse Maßstab für eine Antragsberechtigung wäre.

56 Vgl. Dietz / Richardi, § 23, Anm. 24. Eine vergleichbare Regelung, nach der auch nur qualifizierte Minderheiten eines Kollektives berechtigt werden, ein gerichtliches Verfahren einzuleiten, findet sich im Bereich der gesamtstaatlichen Verfassung in den §§ 48, 49 des Bundesverfassungsgesetzes vom 12. März 1951 (BGBl. I S. 243 ff.).

Vorschriften getroffenen Regelungen kommt gegenüber der allgemeinen Bestimmung der Antragsberechtigung als lex specialis eine selbständige Bedeutung zu[57].

Hieraus kann gleichzeitig im Gegenschluß gefolgert werden, daß andere als die in den Vorschriften genannten „Personengruppen" oder „Stellen" in den genannten Fällen zur Antragstellung nicht berechtigt sind. Auch kann die hier gesetzlich anerkannte „Antragsberechtigung" nicht ausgedehnt werden.

Die gesetzliche Regelung der Antragsberechtigung „einer im Betrieb vertretenen Gewerkschaft" und von Personengruppen von „mindestens drei Wahlberechtigten" oder von „mindestens einem Viertel der wahlberechtigten Arbeitnehmer" soll im folgenden näher untersucht werden.

a) Eine im Betrieb vertretene Gewerkschaft

Fraglich ist zunächst, wieviele Mitglieder eine Gewerkschaft im Betrieb haben muß, um im Betrieb „vertreten zu sein".

Da das Gesetz hierüber schweigt, kann eine Gewerkschaft bereits dann als „im Betrieb vertreten" gelten, wenn sie im Zeitpunkt der Antragstellung mindestens einen Arbeitnehmer im Betrieb zu ihrem Mitglied zählt[58].

Der rechtspolitische Grund dafür, daß der Gesetzgeber keine höhere Zahl als Voraussetzung einer Antragsberechtigung gefordert hat, kann in seiner mehrfach im Betriebsverfassungsgesetz erkennbar gewordenen Absicht gesehen werden, Minderheiten bei Angelegenheiten, die — wie die Auflösung des Betriebsrats — die gesamte Belegschaft berühren, besonderen Schutz zu gewähren.

Antragsberechtigt ist daher auch eine sogenannte „Außenseitergewerkschaft", der von einigen tausend Belegschaftsmitgliedern nur ein Arbeitnehmer als Mitglied angehört. Sie ist nach § 23 BetrVG selbst dann zur Anfechtung der Betriebsratswahl berechtigt, wenn das einzige bei ihr organisierte Mitglied im Betrieb an der Wahl nicht beteiligt gewesen ist, weil es zum Beispiel wegen Minderjährigkeit noch nicht wahlberechtigt gewesen war oder erst nach der Wahl Belegschaftsangehöriger geworden ist.

---

[57] So auch Lepke, ArbuR 1973, S. 110.

[58] h. M. Vgl. BAG, AR-Blattei, Arbeitsgerichtsbarkeit XII, Entscheidung Nr. 13, unter Hinweis auf Materialien und Literatur; BAG, ArbuR 1965, S. 27, S. 63; BAG 10, S. 154 (156, 157); Dietz / Richardi, § 2, Anm. 21; Fitting / Auffarth / Kaiser, § 2, Anm. 8.

b) Eine Anzahl von Arbeitnehmern

Die Regelung in den §§ 16, 19 und 23 BetrVG, daß erst eine Gruppe von „mindestens einem Viertel der wahlberechtigten Arbeitnehmer" oder von „mindestens drei wahlberechtigten Arbeitnehmern" für antragsberechtigt erklärt werden[59], wirft weitere Fragen auf.

Im Falle einer Wahlanfechtung stellt sich zum Beispiel die Frage, ob in den Fällen, in denen Angestellte und Arbeiter ihre Vertreter in getrennten Wahlen in den Betriebsrat wählen oder gewählt haben, neben der im Gesetz geforderten Wahlberechtigung auch die Gruppenzugehörigkeit als weitere Voraussetzung zu berücksichtigen ist.

Die Formulierung „wahlberechtigte Arbeitnehmer" könnte zwar auf eine „Beziehung zwischen Wahlkörper und Gewählten" schließen lassen, so daß im Falle eines nach Gruppen gewählten Betriebsrats der Antrag auf Auflösung des Betriebsrats gemäß § 23 BetrVG auch von einem Viertel der Wahlberechtigten jeder Gruppe zu stellen ist[60]. Dieser Auffassung steht jedoch entgegen, daß der Betriebsrat Vertreter der gesamten Belegschaft ist. In den in Betracht kommenden Fällen der Anfechtung der Wahl zum Betriebsrat und der Auflösung des Betriebsrats wegen Amtspflichtverletzung erscheint es daher gerechtfertigt, auch „gruppenfremden" Belegschaftsangehörigen ein Antragsrecht zu gewähren[61].

Da eine bestimmte Personenzahl zur Antragstellung berechtigt ist, stellt sich die weitere Frage, ob die Antragsteller ihre Antragsberechtigung verlieren, wenn die Zahl der Befürworter des Antrags während des Verfahrens unter die gesetzlich geforderte Zahl von „mindestens drei Wahlberechtigten" oder „von mindestens einem Viertel der wahlberechtigten Arbeitnehmer" sinkt.

Eine Antwort hierauf ist den Gründen zu entnehmen, die den Gesetzgeber zu der Regelung veranlaßt haben, daß in einigen Fällen der Antrag von einer bestimmten Zahl von Personen getragen werden soll. Die Gründe hierfür sind darin zu sehen, daß in den betreffenden Angelegenheiten wegen der weitreichenden Folgen der gerichtlichen Entscheidung für die betriebliche Ordnung und damit für den betrieblichen Frieden nur eine vom Gesetzgeber als notwendig erachtete Minderheit der beteiligten Arbeitnehmer zur Antragstellung berechtigt sein soll. Diese Gründe gelten aber nicht nur für die Einleitung des

---

[59] Vgl. die ähnliche Rechtslage bei § 48 BVerfGG; dazu Geiger, § 48, Anm. 1 d; Lechner, § 48, Anm. 1 c.

[60] So Reichsarbeitsminister, Erlaß vom 4. August 1921, RArbBl. 1922, S. 36.

[61] Heute h. M., da Auflösungsantrag kein Widerruf der Wahl darstellt, vgl. Dietz / Richardi, § 23, Anm. 24; Fitting / Auffarth / Kaiser, § 23, Anm. 10; Galperin / Löwisch, § 23, Anm. 21.

Verfahrens, sondern gleichermaßen für die ganze Dauer des Verfahrens, die Instanzenzüge eingeschlossen[62]. Sinkt mithin die Zahl der das Verfahren betreibenden Arbeitnehmer während des Verfahrens unter die gesetzlich festgelegte Mindestzahl, so verlieren die verbleibenden Antragsteller ihre Antragsberechtigung. Ihr Antrag ist abzuweisen.

Die angeführten Gründe, nach denen der Antrag wegen der weitreichenden Folgen von einem bestimmten Bruchteil der Belegschaft unterstützt werden muß, sprechen auch dafür, daß das Vorhandensein von einem Viertel der wahlberechtigten Arbeitnehmer nach dem jeweiligen Stand der Belegschaft zu berechnen ist. Für die rechtliche Beurteilung ist es daher ohne Bedeutung, ob der Grund für ein Absinken der Zahl der Antragsteller unter die gesetzlich geforderte Mindestzahl darin zu sehen ist, daß Arbeitnehmer, die den Antrag befürwortet haben, aus dem Betrieb oder dem Kreis der Antragsteller ausscheiden oder daß die Belegschaft sich insgesamt vergrößert hat und damit die Zahl der Antragsteller im Verhältnis zur Gesamtbelegschaft unter ein Viertel der Belegschaftsangehörigen gesunken ist.

Im Gesetz ist ferner nicht geregelt, ob während des ganzen Verfahrens die gesetzlich geforderte Mindestzahl von mindestens drei Arbeitnehmern oder mindestens einem Viertel der Belegschaft von denselben Antragstellern, die auch den Antrag eingereicht haben, erreicht werden muß. Die Entscheidung dieser Frage ist von erheblicher Bedeutung, da die Zusammensetzung des Betriebes sich ständig durch Ausscheiden alter und Eintreten neuer Belegschaftsmitglieder ändert. Im Laufe eines längeren Verfahrens wird daher auch der Kreis derjenigen wechseln, die das von den Antragstellern verfolgte Verfahrensziel befürworten.

Der Wortlaut des Gesetzes in den §§ 16 - 19, 23 BetrVG spricht allein von der numerischen Voraussetzung, daß eine Mindestzahl von Arbeitnehmern den Antrag stellen muß. Danach erscheint es als zulässig, daß der Kreis der Antragsteller sich während des Verfahrens ändern kann.

Dieser Auslegung des Gesetzes widersprechen auch nicht die bereits dargelegten Gründe, die den Gesetzgeber zu der Regelung veranlaßt haben, daß der Antrag in gewissen Fällen von einer Mindestzahl von Personen einzubringen ist. Wenn wegen der Auswirkungen der zu entscheidenden Angelegenheit nicht einzelne, sondern ein bestimmtes Quorum der Belegschaft zur Antragstellung berechtigt sein soll, kann es nur darauf ankommen, daß während des gesamten Verfahrens diese festgelegte Mindestzahl von Arbeitnehmern das erstrebte Verfahrens-

[62] Vgl. Dietz / Richardi, § 23 BetrVG, Anm. 24; Fitting / Auffarth / Kaiser, § 23, Anm. 10; Grunsky, § 81, Anm. 7; a. M. BAG, DB 1970, S. 65; BAG 23, S. 130; Auffarth / Schönherr, § 80, Anm. II 10.

ziel befürwortet. Es muß als ausreichend angesehen werden, wenn der einmal eingebrachte Antrag stets von drei Wahlberechtigten oder einem Viertel der wahlberechtigten Arbeitnehmer unterstützt wird[63].

Als letzte Frage soll untersucht werden, ob sich die Gruppe von drei Wahlberechtigten oder das Quorum von einem Viertel der wahlberechtigten Arbeitnehmer nach einem besonderen Verfahren zu konstituieren hat.

Das Gesetz schweigt darüber, auf welche Weise sich die Arbeitnehmer zur Antragstellung zusammenfinden. Dem Fehlen einer gesetzlichen Regelung kann entnommen werden, daß es den Arbeitnehmern selbst vorbehalten bleibt, durch eigene Aktionen ausreichend Mitglieder für die Antragstellung zu finden.

Zu erwägen ist allerdings, ob im Falle eines Antrags auf Abberufung des Betriebsrats gemäß § 23 BetrVG, der von mindestens einem Viertel der wahlberechtigten Arbeitnehmer unterstützt werden muß, ein besonderes Verfahren entsprechend der für die Wahl des Betriebsrats geltenden Vorschriften erforderlich ist. Dem steht jedoch entgegen, daß in dem Antrag auf Auflösung des Betriebsrats nicht ein „actus contrarius" zur Wahl des Betriebsrats gesehen werden kann, da die antragstellenden Arbeitnehmer über die Amtsführung des Betriebsrats nicht entscheidungsberechtigt sind[64]. Über die Voraussetzung der Auflösung — pflichtwidriges Verhalten des Betriebsrats — befindet allein das Gericht.

Die Einhaltung eines förmlichen Wahlverfahrens ist daher selbst dann nicht erforderlich, wenn die Auflösung des Betriebsrats beantragt werden soll. Auch wenn sich viele Arbeitnehmer vor einer offenen Frontstellung gegenüber dem Betriebsrat scheuen werden, insbesondere wenn dem Betriebsrat pflichtwidriges Zusammenwirken mit dem Arbeitgeber vorgeworfen wird, so muß doch nach der bestehenden Rechtslage von den Antragstellern vor Gericht ein offenes Bekenntnis zur Tätigkeit des Betriebsrats verlangt werden[65].

---

[63] Dietz / Richardi, § 23, Anm. 24; Fitting / Auffarth / Kaiser, § 23, Anm. 10.

[64] Vgl. Galperin / Siebert, § 23, Anm. 10.

[65] Der verfahrensrechtlich einfachste Weg besteht darin, daß sich die Befürworter des Antrags in Listen eintragen, die bestimmte Personen zur Antragstellung bevollmächtigen. An Hand der Listen erhält das Gericht die Möglichkeit zu prüfen, ob die für die Antragstellung gesetzlich geforderte Personenzahl erreicht ist. Der wesentliche Vorteil dieses Weges liegt aber darin, daß im Verfahren nicht eine Vielzahl von Personen, sondern nur ein begrenzter Personenkreis auftritt.

II. Die Berechtigung, als sonstiger Beteiligter aufzutreten

Nach Behandlung der Frage, wer im Beschlußverfahren zur Antragstellung befugt ist, soll im folgenden untersucht werden, welche Anforderungen an die Teilnahmeberechtigung derjenigen zu stellen sind, die *neben* dem Antragsteller am Verfahren zu beteiligen sind. Diese Beteiligten sollen im Unterschied zu den Beteiligten, die durch ihren Antrag am Verfahren beteiligt sind, als *„sonstige Beteiligte"* bezeichnet werden.

Es wurde eingangs hervorgehoben, daß im Gesetz die Frage, unter welchen Voraussetzungen die sonstigen Beteiligten am Verfahren teilzunehmen berechtigt sind, ausdrücklich nicht geregelt worden ist. Mittelbar könnten die Anforderungen, die an die Teilnahmeberechtigung der sonstigen Beteiligten zu stellen sind, der Vorschrift des § 83 Abs. 1 Satz 1 ArbGG entnommen werden. Diese Vorschrift nennt die Personen und betrieblichen Stellen, die im einzelnen Verfahren anzuhören sind.

Nach der begrifflichen Bestimmung in den herkömmlichen Verfahrensordnungen ist derjenige, dem rechtliches Gehör zu gewähren ist, auch als Subjekt am Verfahren beteiligt[66]. Dementsprechend hat der Gesetzgeber in § 83 ArbGG die anzuhörenden Personen und Stellen als „Beteiligte" bezeichnet.

Durch die Regelung der Voraussetzungen in § 83 Abs. 1 Satz 1 ArbGG, nach denen rechtliches Gehör zu gewähren ist, werden zugleich die Anforderungen genannt, die für die Bestimmung der Beteiligungsberechtigung heranzuziehen sind.

Demgemäß sind nach § 83 Abs. 1 Satz 1 ArbGG „der Arbeitgeber, die Arbeitnehmer und die Stellen, die nach dem Betriebsverfassungsgesetz und den dazu erlassenen Rechtsverordnungen im einzelnen Falle beteiligt sind", berechtigt, neben dem Antragsteller am Verfahren teilzunehmen.

Der Wortlaut im § 83 Abs. 1 Satz 1 ArbGG läßt allerdings die Frage unbeantwortet, welche Voraussetzungen vorliegen müssen, damit eine Stelle als „nach dem Betriebsverfassungsgesetz und den dazu erlassenen Rechtsverordnungen im einzelnen Falle beteiligt" anzusehen ist. Ferner ist die Frage zu klären, ob die besonders genannten „Arbeitgeber" und „Arbeitnehmer", an deren Anhörung der Gesetzeswortlaut keine weiteren Voraussetzungen stellt, in jedem Verfahren zu beteiligen sind.

---

[66] Vgl. Lent / Jauernig, § 32, Anm. I; Thomas / Putzo, Einl. I 4. So bestimmt auch § 118 a ZPO für das Armenrechtsverfahren, daß der Antragsgegner zu „hören", Zeugen und Sachverständige aber zu „vernehmen" sind.

1. Allgemeines zur Beteiligtenrolle

Zunächst soll untersucht werden, wann eine betriebliche „Stelle“ nach den betriebsverfassungsrechtlichen Vorschriften als „beteiligt“ im Sinne des § 83 Abs. 1 Satz 1 ArbGG anzusehen ist.

Daß Voraussetzung der Teilnahmeberechtigung nicht irgendein „rechtliches“ oder „beachtliches Interesse“ sein kann, ergibt sich bereits aus dem Worlaut des § 83 ArbGG[67]. Nach der Formulierung in § 83 ArbGG hängt die Teilnahmeberechtigung im Beschlußverfahren davon ab, daß die betreffende Stelle nach den betriebsverfassungsrechtlichen Vorschriften an der zu entscheidenden Angelegenheit im Einzelfall „beteiligt“ ist. „Beteiligt“ ist aber nur diejenige Stelle an einer betriebsverfassungsrechtlichen Frage, deren Zuständigkeitsbereich durch die zu entscheidende Angelegenheit berührt wird[68].

Die Teilnahmeberechtigung der sonstigen Beteiligten am Beschlußverfahren bestimmt sich mithin in der Weise, daß nur diejenige betriebsverfassungsrechtliche Stelle teilnahmebefugt ist, die durch die zur Entscheidung des Gerichts stehende Angelegenheit in ihrem nach den betriebsverfassungsrechtlichen Vorschriften bestimmten Zuständigkeitsbereich unmittelbar berührt wird[69].

An die Antragsbefugnis und an die Teilnahmeberechtigung der sonstigen Beteiligten sind also die gleichen Anforderungen zu stellen. Diese Übereinstimmung erscheint deshalb als zutreffend, weil die Rolle des Antragstellers in der Gestaltung des Verfahrens von einem sonstigen Beteiligten übernommen werden kann, wenn dieser durch Einlegung der Beschwerde als Beschwerdeführer das Verfahren fortführt.

2. Arbeitgeber und Arbeitnehmer

Entgegen den im vorangegangenen entwickelten Grundsätzen zur Beteiligungsberechtigung spricht allerdings der Wortlaut des § 83 Abs. 1 Satz 1 ArbGG, nach dem „in dem Verfahren ... der Arbeitgeber, die Arbeitnehmer ... zu hören“ sind, für eine uneingeschränkte Teilnahmeberechtigung des Arbeitgebers und der Arbeitnehmer.

Die Tätigkeit der Gerichte würde zwar häufig paralysiert werden, wenn stets alle Arbeitnehmer eines Betriebes als Beteiligte geladen und gehört werden müßten. Diesem Gesichtspunkt allein kann jedoch

---

[67] a. M. Frauenkron, S. 92 und 106.

[68] Grunsky, § 83, Anm. 8, verweist in diesem Zusammenhang auf die „Kriterien“ der Freiwilligen Gerichtsbarkeit.

[69] Vgl. BAG, SAE 1972, S. 229; BAG, DB 1976, S. 295; Dersch / Volkmar, 6. Aufl., § 83, Anm. 2; Müller, Beschlußverfahren, S. 39, unter Hinweis auf die Rechtsprechung des BAG; Ordemann, S. 414.

keine Beachtung zukommen, sofern eine derartige Auslegung dem Willen des Gesetzgebers entsprechen sollte.

Die Vorschrift des § 83 ArbGG wird gelegentlich dahingehend ausgelegt[70], daß die Interessen der Belegschaft in jedem einzelnen Verfahren durch besondere Interessenvertreter wahrzunehmen seien. So wird vorgeschlagen, daß in jedem Verfahren stellvertretend für alle Arbeitnehmer eine gewisse Anzahl von Belegschaftsangehörigen oder der Betriebsrat als Repräsentant der Belegschaft zu beteiligen seien[71].

Eine Beteiligung ausgewählter Belegschaftsangehöriger kann jedoch nicht als zulässig erachtet werden, da die Auswahl von Arbeitnehmern durch die Gerichte wegen Fehlens einer gesetzlichen Grundlage willkürlich wäre.

Auch eine regelmäßige Stellvertretung der Belegschaft durch den Betriebsrat ist mit den gesetzlichen Bestimmungen nicht zu vereinbaren, da die Interessen der Belegschaft und des Betriebsrats durchaus entgegengesetzt sein können. Daß es zu einem Interessengegensatz kommen kann, wird besonders deutlich, wenn von einem Viertel der Arbeitnehmer die Auflösung des Betriebsrats beantragt wird. Die Auffassung, nach der die Interessen der Belegschaft stets durch besondere Interessenvertreter — durch eine Auswahl von Belegschaftsangehörigen oder durch den Betriebsrat — gewahrt werden müssen, erweist sich mithin als rechtlich unzulässig.

Läßt sich eine praktikable Anwendung des § 83 ArbGG durch stete Präsenz von Interessenvertreter der Arbeitnehmer aus rechtssystematischen Gründen nicht darstellen, bleibt doch die Frage, ob die wortwörtliche Auslegung des § 83 ArbGG im Sinne einer stets notwendigen Anhörung aller Arbeitnehmer eines Betriebes tatsächlich dem Willen des Gesetzgebers entspricht.

Dagegen spricht die Verknüpfung verfahrensrechtlicher Bestimmungen mit dem materiellen Recht. In § 103 Abs. 2 BetrVG wird positiv geregelt, daß bei einer außerordentlichen Kündigung des Mitglieds eines Betriebsrats oder eines anderen Mitglieds der dort genannten Vertretungen „der betroffene Arbeitnehmer in dem Verfahren vor dem Arbeitsgericht Beteiligter ist". Dieser Regelung hätte es nicht bedurft, wenn nach den Vorstellungen des Gesetzgebers grundsätzlich alle Arbeitnehmer eines Betriebes beteiligt werden müßten.

Es besteht aber auch kein Bedürfnis, daß die Interessen der Arbeitnehmer in jedem einzelnen Verfahren durch die Beteiligung bestimmter Personen gewahrt werden müssen. Den Interessen der Arbeitnehmer

---

70 So Dersch / Volkmar, 6. Aufl., § 83, Anm. 2 a.

71 Dersch / Volkmar, ebd.; vgl. auch in diesem Sinne Grunsky, § 83, Anm. 6.

wird in vollem Umfang entsprochen, wenn sich ihre Teilnahmeberechtigung wie bei den übrigen Beteiligten danach bestimmt, ob sie durch die zur Entscheidung stehende Angelegenheit in ihrem nach dem materiellen Recht bestimmten betriebskonstitutionellen Zuständigkeitsbereich unmittelbar berührt werden[72].

Fraglich ist, ob der *Arbeitgeber* auch nur unter den für die sonstigen Beteiligten geltenden Voraussetzungen am Verfahren zu beteiligen ist. Einer uneingeschränkten Beteiligung des Arbeitgebers stünden zwar nicht wie im Falle einer Beteiligung aller Arbeitnehmer die häufig unüberwindbaren tatsächlichen Schwierigkeiten entgegen.

Es stellt sich aber gleichfalls die Frage, ob die Auffassung, die eine uneingeschränkte Beteiligungsberechtigung des Arbeitgebers befürwortet, nicht auch zu formal am Wortlaut des § 83 ArbGG haftet.

Als Begründung für eine notwendige Beteiligung des Arbeitgebers wird zwar geltend gemacht, daß es in den Fällen des Beschlußverfahrens um die rechtliche Ordnung seines — des Arbeitgebers — Betriebes gehe[73].

Zweifelhaft ist jedoch, mit welcher Berechtigung der Arbeitgeber im Falle eines gerichtlich ausgetragenen Streits eine Stellung einnehmen können soll, die er nach den betriebsverfassungsrechtlichen Vorschriften außergerichtlich nicht innehat.

Wäre der Arbeitgeber an jedem Verfahren zu beteiligen, würde ihm durch die Verfahrensordnung für Beschlußsachen die Möglichkeit eröffnet werden, an der Entscheidung von Angelegenheiten beteiligt zu werden, die ihm im außergerichtlichen Bereich, zum Beispiel im Falle interner Geschäftsführungsstreitigkeiten der Betriebsvertretungen, nicht offenstehen[74].

Es bestehen mithin gleichfalls keine sachlichen Gründe, die eine Auslegung des § 83 ArbGG im Sinne einer uneingeschränkten Beteiligungsmöglichkeit des Arbeitgebers rechtfertigen. Der Arbeitgeber ist wie die Arbeitnehmer und die betriebsverfassungsrechtlichen Stellen auch nur am Verfahren teilnahmeberechtigt, soweit er „nach dem Betriebsverfassungsgesetz und den dazu erlassenen Rechtsverordnungen im einzelnen Falle beteiligt“, das heißt in seinem betriebsverfassungsrechtlichen Zuständigkeitsbereich betroffen ist[75].

---

[72] Entsprechend BAG 2, S. 97: „wenn Stellung des Arbeitnehmers als Mitglied der Belegschaft, d. h. innerhalb der Betriebsverfassung“ berührt wird. Dietz / Nikisch, § 83, Anm. 12; Frauenkron, S. 90.

[73] So Dersch / Volkmar, 6. Aufl., § 83, Anm. 2 a; Dietz / Nikisch, § 83, Anm. 8; Frauenkron, S. 89; Grunsky, § 83, Anm. 4; a. M. Hueck / Nipperdey, 1. Bd., 7. Aufl., S. 978, Fußnote 10.

[74] Vgl. BAG, AP, § 2 ArbGG, Nr. 1, Nr. 46.

[75] So Müller, Beschlußverfahren, S. 37.

Der Wortlaut des § 83 Abs. 1 Satz 1 ArbGG ist mithin so zu lesen, daß die einschränkende Regelung, nach der nur diejenigen zu beteiligen sind, „die nach dem Betriebsverfassungsgesetz und den dazu erlassenen Rechtsverordnungen im einzelnen Falle beteiligt sind", sich nicht nur auf die betriebsverfassungsrechtlichen „Stellen", sondern auch auf den Arbeitgeber und die Arbeitnehmer bezieht[76].

D. Die Zulässigkeit, sich vor Gericht vertreten zu lassen

Im Rahmen der Ausführungen zur Handlungsfähigkeit der betrieblichen Vertretungen vor Gericht war bereits auf die praktische Notwendigkeit hingewiesen worden, sich im Verfahren durch einen Prozeßbevollmächtigten vertreten zu lassen. Es stellt sich nunmehr die Frage, ob und unter welchen Voraussetzungen eine Prozeßbevollmächtigung im Beschlußverfahren zulässig ist.

Die Vorschriften des Beschlußverfahrens sehen die Möglichkeit einer „Prozeßvertretung" ausdrücklich vor. § 80 Abs. 2 ArbGG bestimmt, daß für den 1. Rechtszug des Beschlußverfahrens die Vorschriften über die Prozeßvertretung des arbeitsgerichtlichen Urteilsverfahrens „entsprechend gelten". Auch für die Vertretung im zweiten und dritten Rechtszug gilt nach dem Wortlaut des § 87 Abs. 2 Satz 2 ArbGG und § 92 Abs. 2 Satz 2 ArbGG die Bestimmung des „§ 11 Abs. 1 entsprechend". Für den zweiten und dritten Rechtszug besteht außerdem die Sonderregelung, daß die Beschwerdeschrift (§ 89 Abs. 1 Satz 2 ArbGG) von „einem Rechtsanwalt oder einer nach § 11 Abs. 2 Satz 2 ArbGG zur Vertretung befugten Person", die „Rechtsbeschwerdeschrift (§ 94 Abs. 1 Satz 3 ArbGG) von einem Rechtsanwalt unterzeichnet sein" müsse.

Der generellen Verweisung auf die Vorschriften des arbeitsgerichtlichen Urteilsverfahrens kann entnommen werden, daß im Beschlußverfahren auch die zivilprozessualen Regelungen über die Erteilung und den Umfang der Bevollmächtigung entsprechend anwendbar sind, auf die die arbeitsgerichtlichen Vorschriften mangels eigener Regelung Bezug nehmen (§§ 46, 64, 72 ArbGG).

In entsprechender Anwendung der zivilprozessualen Regelung wird daher auch im Beschlußverfahren die Vollmacht durch einseitiges Rechtsgeschäft erteilt, dessen Wirksamkeit sich nach den Vorschriften des Bürgerlichen Rechts bestimmt. Ihr Umfang erstreckt sich auf „alle den Rechtsstreit betreffenden Prozeßhandlungen" (§ 81 ZPO), so auch auf die „Rückziehung" des Antrags oder die Einlegung der Beschwerde.

---

[76] Hueck / Nipperdey, 1. Bd., 7. Aufl., S. 978, Fußnote 16.

Das Arbeitsgerichtsgesetz bestimmt ferner in § 11 ArbGG der „Allgemeinen Vorschriften“, wer mit einer Vertretung betraut werden kann. Nach dem Aufbau des Arbeitsgerichtsgesetzes wäre es folgerichtig gewesen, wenn § 11 ArbGG nicht nur für das Urteilsverfahren, sondern auch für das Beschlußverfahren unmittelbare Geltung hätte. Die Vorschriften der §§ 87 Abs. 2 Satz 2, 92 Abs. 2 Satz 2 ArbGG schreiben jedoch für die höheren Instanzen vor, daß § 11 ArbGG im Beschlußverfahren nur „entsprechend“ anzuwenden ist. Der Begriff „Partei“ in § 11 ArbGG unterstreicht, daß allein eine *entsprechende* Anwendung dieser Bestimmung im Beschlußverfahren in Betracht kommt. Dieser Widerspruch ist dadurch zu erklären, daß die Bestimmungen über das Beschlußverfahren, wie bereits ausgeführt wurde, erst nachträglich in das Arbeitsgerichtsgesetz übernommen worden sind. Bei der späteren Hineinnahme hat aber der Gesetzgeber davon abgesehen, § 11 ArbGG den Anforderungen des Beschlußverfahrens gemäß auszugestalten. Im nachfolgenden wird untersucht, inwieweit § 11 ArbGG im Beschlußverfahren Anwendung findet.

I. Prozeßvertretung im erstinstanzlichen Verfahren

Für die 1. Instanz sieht § 11 Abs. 1 ArbGG die Möglichkeit einer Prozeßvertretung durch Verbandsvertreter oder durch Rechtsanwälte vor.

1. Vertretung durch Verbandsvertreter

In entsprechender Anwendung des § 11 ArbGG können sich die Beteiligten des Beschlußverfahrens durch Vertreter von Gewerkschaften, Arbeitgeberverbänden oder von „Vereinigungen solcher Verbände“ vertreten lassen, „wenn diese Personen kraft Satzung oder Vollmacht zur Vertretung befugt sind und für den Zusammenschluß, den Verband oder deren Mitglieder auftreten und nicht neben dieser Vertretung die Tätigkeit als Rechtsanwalt ausüben oder, ohne Rechtsanwalt zu sein, das Verhandeln vor Gericht geschäftsmäßig gegen Entgelt betreiben“.

Die Arbeitgeber können sich also durch Beauftragte einer Arbeitgebervereinigung, die Arbeitnehmer durch Beauftragte einer Gewerkschaft vertreten lassen. Voraussetzung ist, daß sie Mitglieder ihres Verbandes sind.

Fraglich ist, ob sich auch die Betriebsvertretungen durch Beauftragte eines koalitionsfähigen Verbandes vertreten lassen können. Da die Betriebsvertretungen „Repräsentanten“ der Belegschaft sind, kommt für sie die Bevollmächtigung eines Gewerkschaftsvertreters in Betracht[77].

---

[77] Vgl. Grunsky, § 11, Anm. 24.

Die Zulässigkeit einer Vertretung der betrieblichen Stellen durch Gewerkschaftsvertreter erscheint allerdings fraglich, weil Verbandsvertreter nach § 11 ArbGG nur für ihre „Mitglieder auftreten" dürfen, die nichtrechtsfähigen Betriebsvertretungen aber wegen ihrer mangelnden Selbständigkeit nicht Mitglied eines Verbandes sein können.

Es ist zu fragen, ob der Gesetzgeber die Betriebsvertretungen von der Möglichkeit einer Verbandsvertretung hat ausschließen wollen oder ob die Regelung in § 11 ArbGG lückenhaft ist[78].

Für eine Lücke spricht, daß § 11 Abs. 1 Satz 1 ArbGG, wie eingangs erläutert worden ist, allein für die Bedürfnisse des arbeitsgerichtlichen Urteilsverfahrens ausgestaltet worden ist. Da im Urteilsverfahren Betriebsvertretungen nicht parteifähig sind, eine prozessuale Vertretung somit nicht in Betracht kommt, hat sich dem Gesetzgeber bei der Kodifizierung des § 11 ArbGG die Frage einer Vertretungsmöglichkeit der Betriebsvertretungen nicht gestellt[79].

Es ist zu untersuchen, ob die gesetzliche Lücke in der Weise ausgefüllt werden kann, daß sich auch betrieblichen Vertretungen im Beschlußverfahren durch Gewerkschaftsvertreter vertreten lassen dürfen.

Hierfür spricht, daß die gleichen Gründe, die den Gesetzgeber veranlaßt haben, eine Vertretung der Arbeitnehmer durch Verbandsvertreter zuzulassen, auch dann gelten, wenn die Prozeßvertretung der betrieblichen Vertretungen in Frage steht. Durch die Möglichkeit, Verbandsvertreter mit der Prozeßführung zu beauftragen, sollte den häufig rechtsunkundigen Arbeitnehmern die Verfolgung ihrer Rechte erleichtert werden. Diese Gründe gelten aber auch, wenn Arbeitnehmer als Mitglieder der Betriebsvertretungen im Beschlußverfahren die Interessen der Belegschaft wahrzunehmen haben.

Auch der rechtspolitische Grund der Chancengleichheit spricht dafür, daß die Betriebsvertretungen sich durch Gewerkschaftsvertreter vertreten lassen dürfen. Es sind keine Gründe ersichtlich, die es rechtfertigen, daß die Arbeitgeber, nicht aber die betrieblichen Vertretungen die Möglichkeit haben sollen, sich im Beschlußverfahren durch Verbandsvertreter vertreten zu lassen[80].

Für die Zulässigkeit einer Vertretung der betrieblichen Stellen durch Verbandsvertreter spricht schließlich eine historische Betrachtung.

---

78 So Müller, Beschlußverfahren, S. 41.

79 RAG, ARS 4, S. 363; Dietz / Nikisch, § 10, Anm. 56.

80 Hueck / Nipperdey, 1. Bd., 7. Aufl., S. 976, 977, halten die Zulässigkeit einer prozessualen Vertretung, insbesondere des Betriebsrats, durch Verbandsvertreter deshalb für „zweckmäßig", weil der Betriebsrat nach § 2 BetrVG mit den im Betrieb vertretenen Gewerkschaften vertrauensvoll zusammenarbeiten soll.

Bereits unter der Geltung des Arbeitsgerichtsgesetzes von 1926 ließ die Rechtsprechung und ein großer Teil der Lehre entgegen dem Wortlaut des § 11 ArbGG 1926, der wie § 11 des jetzt geltenden Arbeitsgerichtsgesetzes nur eine Vertretung von Verbandsmitgliedern gestattete, eine Vertretung der für beteiligungsfähig erklärten Arbeitnehmerschaft (§ 10 ArbGG 1926) zu, wenn „unter den Angehörigen der vor Gericht als Partei erscheinenden Arbeitnehmerschaft eine irgendwie erhebliche Zahl von Arbeitnehmern vorhanden sei“[81].

In entsprechender Anwendung des § 11 Abs. 1 Satz 1 ArbGG ist daher auch eine Prozeßvertretung der betrieblichen Stellen durch Gewerkschaftsvertreter als zulässig zu erachten[82].

Der in § 11 ArbGG zum Ausdruck gekommene Wille des Gesetzgebers, daß die Verbände nur von ihren Mitgliedern mit der Prozeßvertretung beauftragt werden können, darf jedoch im Falle der Vertretung einer betrieblichen Stelle nicht gänzlich unberücksichtigt bleiben. Ihm ist insoweit zu entsprechen, daß die zur prozessualen Vertretung bestimmte Gewerkschaft — was im folgenden zu klären ist — entweder ein organisiertes Mitglied in der Betriebsvertretung[83] oder ein organisiertes Mitglied innerhalb der Belegschaft[84] hat.

Die Auffassung, daß mindestens ein Mitglied der *Betriebsvertretung* in der Gewerkschaft organisiert sein müsse, wird damit begründet, daß „eine Betriebsvertretung sich nicht durch eine Gewerkschaft vertreten lassen könne, die ihr in ihrer Gesamtheit fremd gegenüberstehe“ oder gar selbst am Verfahren beteiligt sei[85]. Diese Begründung beruht auf dem Gedanken, daß eine Interessenkollision zwischen den betrieblichen Vertretungen und den vertretungsberechtigten Gewerkschaften im Verfahren verhindert werden soll. Es erscheint jedoch fraglich, ob die Betriebsvertretungen vor einer Interessenkollisison geschützt werden müssen, weil die Mandatserteilung auf dem freien Willen der Betriebsvertretung beruht.

---

[81] RAG, ARS 6, S. 187 (189).

[82] Für die Zulässigkeit einer Vertretung durch Verbandsvertreter: BAG, AP, § 11 ArbGG, Nr. 7; LAG Freiburg, AP, § 89 ArbGG, Nr. 4; LAG Düsseldorf, DB 1954, S. 956; Dersch / Volkmar, 6. Aufl., § 80, Anm. 3; Dietz / Nikisch, § 80, Anm. 45; Galperin / Siebert, Anh. § 82, Anm. 10 b; Auffarth / Schönherr, § 80, Anm. I 1; Hueck / Nipperdey, 1. Bd., 7. Aufl., S. 976, 977; Dietz, Anm. zum Urteil des BAG, AP, § 11, ArbGG Nr. 7, derselbe, DRiZ 1954, S. 25, 27; Schneider, AR-Blattei, Arbeitsgerichtsbarkeit XII E III 2; *a. M.:* LAG Hamm, BB 1954, S. 165; Erdmann, § 1, Anm. 9.

[83] h. M., vgl. LAG Freiburg, AP, § 89 ArbGG Nr. 4; Dietz / Nikisch, § 80, Anm. 45; Dietz, Anm. zum Urteil des BAG, AP, § 11 ArbGG Nr. 7; Hueck / Nipperdey, 1. Bd., 7. Aufl., S. 977.

[84] So Dersch / Volkmar, 6. Aufl., § 80, Anm. 3; Grunsky, § 11, Anm. 24; Rohlfing / Rewolle, § 11 Anm. 11 c; offenlassend BAG, AP, § 11 ArbGG, Nr. 7.

[85] Hueck / Nipperdey, 1. Bd., 7. Aufl., S. 977.

Hingegen spricht der Umstand, daß die Betriebsvertretungen im Beschlußverfahren eigene Zuständigkeiten gewahrt wissen wollen, für die Auffassung, daß es auch nur auf die Verbandszugehörigkeit eines ihrer Mitglieder in der Gewerkschaft ankommen kann.

Die Auffassung, daß ein Gewerkschaftsvertreter nur für diejenige betriebliche Vertretung im Beschlußverfahren auftreten darf, in der die Gewerkschaft ein organisiertes Mitglied hat, kann schließlich auch auf die Regelung in § 31 BetrVG gestützt werden. Nach § 31 BetrVG kann an den Sitzungen des Betriebsrats auch nur ein Vertreter derjenigen Gewerkschaft teilnehmen, die mindestens ein Mitglied im Betriebsrat stellt.

2. Vertretung durch Rechtsanwälte

Es soll weiter geklärt werden, welche Voraussetzungen an eine Vertretung durch Rechtsanwälte zu stellen sind.

Nach § 11 ArbGG ist eine Vertretung durch Rechtsanwälte zwar grundsätzlich gestattet. Liegt der Streitwert jedoch unter DM 300,—, so sind nach § 11 Abs. 1 Satz 5 ArbGG in Verbindung mit Satz 2 Rechtsanwälte als Prozeßvertreter nur zuzulassen, „wenn die Wahrung der Rechte der Person dies notwendig erscheinen läßt“.

Bei Anwendung des § 11 ArbGG, der im Beschlußverfahren nur entsprechend heranzuziehen ist, stellt sich die Frage, ob hier der Streitwertgrenze eine Bedeutung zukommen kann[86].

Aus der Beschränkung des Streitwertes auf den Betrag von DM 300,— läßt sich folgern, daß diese Wertgrenze im Zusammenhang mit der Beschränkung der Berufungsfähigkeit im arbeitsgerichtlichen Urteilsverfahren zu sehen ist[87]. Die Streitwertgrenze von DM 300,— wurde gewählt, weil die Anwälte in die Lage versetzt werden sollen, Prozesse, die sie in der zweiten Instanz führen können, bereits in der ersten Instanz mitgestalten zu dürfen. Nach § 64 Abs. 1 ArbGG ist eine Berufung — von dem Fall der grundsätzlichen Bedeutung des Rechtsstreits abgesehen — nur zulässig, „wenn der vom Arbeitsgericht festgesetzte Streitwert mindestens dreihundert Deutsche Mark beträgt“.

---

86 Dieser Frage kommt keine große praktische Bedeutung zu. Soweit es sich um nichtvermögensrechtliche Streitigkeiten handelt, ist gemäß § 14 des Gerichtskostengesetzes, das — wie die Bezugnahme in § 12 ArbGG innerhalb der „Allgemeinen Vorschriften“ des Arbeitsgerichtsgesetzes zeigt — auch für das Beschlußverfahren als ein Verfahren der Arbeitsgerichtsbarkeit anzuwenden ist, ein Streitwert von mindestens DM 500,— zugrunde zu legen. Als Beispiel für vermögensrechtliche Streitigkeiten sind allerdings Streitigkeiten um die Erstattung der dem Betriebsrat entstandenen Aufwendungen gegen den Arbeitgeber zu nennen. Vgl. Hueck / Nipperdey, 1. Bd., 7. Aufl., S. 976, Fußnote 8.

87 So Fitting, BArbBl. 1953, S. 572 (575); Schneider, AR-Blattei, Arbeitsgerichtsbarkeit XII E III.

Da im Beschlußverfahren der Eintritt in den zweiten Rechtszug nicht von einer Wertgrenze abhängig gemacht wird, sind dem Beschlußverfahren die an die Wertgrenze geknüpften Rechtsfolgen systemfremd.

Der Streitwertgrenze von DM 300,— kann folglich im Beschlußverfahren keine Bedeutung zukommen, so daß in entsprechender Anwendung des § 11 ArbGG Rechtsanwälte ohne Einschränkung als Prozeßvertreter zuzulassen sind[88].

II. Prozeßvertretung in den Rechtsmittelinstanzen

Für die Prozeßvertretung in den Rechtsmittelinstanzen gilt nach § 87 Abs. 2 und § 92 Abs. 2 Satz 2 ArbGG gleichfalls „§ 11 Abs. 1 ArbGG entsprechend", so daß auf die Ausführungen zur Prozeßvertretung im erstinstanzlichen Verfahren verwiesen werden kann. Die Beteiligten können sich auch in den Rechtsmittelinstanzen unter den oben erwähnten Voraussetzungen durch einen Verbandsvertreter oder durch einen Rechtsanwalt vertreten lassen. Da nach § 11 Abs. 1 ArbGG die Beteiligten das Verfahren auch „selbst führen" können, besteht für die Beteiligten anders als im arbeitsgerichtlichen Urteilsverfahren grundsätzlich kein Vertretungszwang in den Rechtsmittelinstanzen.

Eine Ausnahme von diesem Grundsatz schreiben allein § 89 Abs. 1 Satz 2 ArbGG für den zweiten Rechtszug und § 94 Abs. 1 Satz 3 ArbGG für den dritten Rechtszug vor. Nach diesen Bestimmungen besteht insoweit Vertretungszwang, als die Beschwerdeschrift „von einem Rechtsanwalt oder einer nach § 11 Abs. 2 Satz 2 zur Vertretung befugten Person", die Rechtsbeschwerdeschrift von einem Rechtsanwalt unterzeichnet sein muß.

In der Literatur[89] wird die Ansicht vertreten, die Prozeßvertretung vor den Rechtsmittelgerichten bestimme sich wie unter der Geltung des Arbeitsgerichtsgesetzes von 1926 allein nach § 11 Abs. 2 ArbGG. Eine Anwendung des § 11 Abs. 2 ArbGG würde bedeuten, daß die Beteiligten das Verfahren nicht selbst führen könnten, sondern verpflichtet wären, sich durch Rechtsanwälte oder Verbandsvertreter vertreten zu lassen. In der Verweisung der §§ 87 Abs. 2 Satz 2 und 92 Abs. 2 Satz 2 ArbGG auf „§ 11 Abs. 1 entsprechend" sehen die Befürworter dieser

---

[88] Für eine uneingeschränkte Zulässigkeit einer Anwaltsvertretung im Beschlußverfahren: Dersch / Volkmar, 6. Aufl., § 11, Anm. 20; Galperin / Siebert, Anh. § 82, Anm. 10 a; Kauffmann, ArbuR 1954, S. 1(2); Müller, ArbuR 1964, S. 13; Schneider, AR-Blattei, Arbeitsgerichtsbarkeit XII E III. *a. M.:* Dietz / Nikisch, § 80 Anm. 47; Hueck / Nipperdey, 1. Bd., 7. Aufl., S. 976, Fußnote 8; Herschel, BB 1953, S. 862; wohl auch LAG Hamm, BB 1954, S. 165.

[89] So Dietz / Nikisch, § 87, Anm. 43 - 45, § 89, Anm. 5; Maus, Handbuch, X § 87 ArbGG, Anm. 17; Savaète, ArbuR 1954, S. 238.

Auffassung ein offensichtliches „Redaktionsversehen" des Gesetzgebers[90].

Der Hinweis auf die Rechtslage unter dem Arbeitsgerichtsgesetz von 1926 vermag jedoch nicht zu überzeugen. Gerade die Neufassung dieser Vorschriften gegenüber der früheren Regelung spricht dafür, daß die sich aus dem Wortlaut ergebenden Rechtsfolgen dem Willen des Gesetzgebers entsprechen.

Gegen die Auffassung, die Verweisung auf § 11 Abs. 1 ArbGG sei ein redaktionelles Versehen, spricht ferner, daß nach den §§ 89 Abs. 1 Satz 2, 94 Abs. 1 Satz 4 ArbGG die Beschwerdeschrift von einem Rechtsanwalt oder einem Organisationsvertreter, die Rechtsbeschwerdeschrift „von einem Rechtsanwalt unterzeichnet sein" müssen. Diese Bestimmungen wären bedeutungslos, wenn Wille des Gesetzgebers gewesen wäre, daß die Beteiligten in den Rechtsmittelinstanzen nicht selbst auftreten dürfen. Hätte der Gesetzgeber die mangelnde Postulationsfähigkeit[91] der Beteiligten in den Rechtsmittelinstanzen gewollt, wäre für die Wirksamkeit der Beschwerde- oder Rechtsbeschwerdeschrift, da es sich um bestimmende Schriftsätze handelt, auch ohne besondere gesetzliche Regelung die Unterzeichnung durch einen Anwalt oder Verbandsvertreter erforderlich gewesen[92].

Die Regelungen in § 89 Abs. 1 und § 94 Abs. 1 ArbGG machen daher deutlich, daß die in den Vorschriften der § 87 Abs. 2 Satz 1 und § 92 Abs. 2 Satz 2 ArbGG ausgesprochene Verweisung auf § 11 Abs. 1 ArbGG nicht als ein gesetzgeberisches Versagen gesehen werden kann.

Die Beteiligten sind mithin auch in den Rechtsmittelinstanzen in ihren Entscheidungen frei, ob sie das Verfahren selbst führen oder sich in entsprechender Anwendung des § 11 Abs. 1 ArbGG durch Verbandsvertreter oder Rechtsanwälte vertreten lassen[93].

---

[90] Vgl. Bobrowski / Gaul, P III 6.

[91] Fähigkeit, in dem anhängigen Verfahren rechtswirksame Handlungen vorzunehmen.

[92] BAG, ArbuR 1968, S. 250; Baumbach / Lauterbach, § 129, Anm. B.

[93] Boldt, RdA 1953, S. 406; Dersch / Volkmar, 6. Aufl., § 87, Anm. 8; Fitting, BArbBl. 1953, S. 575; Müller, ArbuR 1954, S. 13; Schneider, AR-Blattei, Arbeitsgerichtsbarkeit XII F. II 5; Grunsky, § 11, Anm. 31.

4. TEIL

Die Ausgestaltung des Verfahrens

Im Zusammenhang mit der Darstellung des dem Beschlußverfahren zugrundeliegenden Verfahrensmodells wurde bereits generell die Ausgestaltung des Verfahrens aufgezeigt. Im folgenden soll im einzelnen geprüft werden, welche Möglichkeiten die Beteiligten haben, auf das Verfahren, seinen Beginn, seinen Inhalt und seinen Fortgang, einzuwirken. Es wird ferner zu klären sein, wer für die Richtigkeit und Vollständigkeit der Entscheidungsgrundlage verantwortlich ist. Danach ist der Blick auf die Form des Verfahrens zu richten und zu prüfen, ob die Verhandlung öffentlich oder nicht-öffentlich, mündlich oder schriftlich durchzuführen ist. Schließlich wird die nähere Ausgestaltung des Beweisverfahrens Gegenstand der Erörterung sein.

A. Verfügung über den Verfahrensgegenstand

Zunächst ist zu klären, wer über den Inhalt, Beginn und Verlauf des Beschlußverfahrens bestimmt. Bei der Erörterung des Verfahrensmodells wurde hervorgehoben, daß die gesetzlichen Bestimmungen den Beteiligten nur in beschränktem Umfang Einflußnahme auf den Verfahrensablauf einräumen, da die Gestaltungsfreiheit der Beteiligten hinter den Auftrag des Gesetzgebers an das Gericht, die betriebliche Ordnung ausschließlich an dem Modell des Betriebsverfassungsgesetzes auszurichten, zurückzutreten hat. In der Literatur und Rechtsprechung wird allgemein von der Geltung der Offizialmaxime im Beschlußverfahren gesprochen[1].

Es fragt sich allerdings, welche Bedeutung diese Zuordnung für die Lösung einzelner Fragen hat. Die Anerkennung eines Grundsatzes

---

[1] St. RSpr., vgl. BAG, AP, § 81 ArbGG, Nr. 8: „arbeitsgerichtliches Beschlußverfahren als Offizialverfahren", Nr. 9: „die das Beschlußverfahren beherrschende Offizialmaxime"; BVerwG, ZBR 1960, S. 128 (129); vgl. ferner in der Literatur Engelhard / Ballerstedt, § 85, Anm. 52; Herschel, BB 1953, S. 861 (862); Söllner, S. 260; Bobrowski / Gaul, P III 26; a. M. Grunsky, § 80, Anm. 27, der von einem grundsätzlich anderen dem Verfahren der Streitigen Gerichtsbarkeit vergleichbaren Modell des Beschlußverfahrens ausgeht. Demgemäß wird nach Grunsky, ebd., „das Verfahren weitgehend vom Dispositionsgrundsatz beherrscht". Ebenso Fenn, Anmerkung zum Beschluß des LAG Berlin, AP, § 89 ArbGG, Nr. 11.

schließt methodologisch Ausnahmen nicht aus. Unvertretbar ist daher, wenn, wie es in der Rechtsprechung teilweise geschehen ist[2], allein aus der Geltung dieses Grundsatzes die Entscheidung einzelner Fragen begründet wird.

I. Eröffnung des Verfahrens

Als einzige Vorschrift trifft § 81 Abs. 1 ArbGG eine Aussage über die Eröffnung des Verfahrens. Danach wird das „Verfahren nur auf Antrag eingeleitet". Der Vorschrift des § 81 ArbGG ist zu entnehmen, daß der Verfahrensbeginn den Antrag eines Beteiligten voraussetzt.

Anders jedoch als in der Streitigen Gerichtsbarkeit, in der mit Klageerhebung der Rechtsstreit eingeleitet wird, eröffnet die Stellung des Antrags nicht schon das Beschlußverfahren. Zu seiner Eröffnung ist vielmehr, wie die Formulierung „wird auf den Antrag eingeleitet" in § 81 Abs. 1 ArbGG zeigt, eine besondere „Einleitung" erforderlich.

Das Gesetz schweigt, wer diese „Einleitung" vornimmt. Nach dem Wortlaut des § 81 ArbGG ist es eine vom Antragsteller verschiedene Instanz. Da eine andere Instanz als das Gericht in den Bestimmungen über das Beschlußverfahren nicht genannt wird, kommt hierfür nur das Gericht in Betracht. Dafür spricht ferner, daß das Verfahren — wie § 81 Abs. 2 ArbGG vorschreibt — auch von Gerichts wegen einzustellen ist, wenn der Antrag vom Antragsteller zurückgezogen worden ist.

Eine besondere Form ist für den einleitenden Akt nicht vorgeschrieben. Die Einleitung kann daher auch stillschweigend erfolgen. Wenn sie nicht ausdrücklich erklärt wird, ist sie in der auf den Antrag des Antragstellers ergehenden ersten richterlichen Verfügung zu sehen.

Fraglich ist, ob das Gericht auf einen formgerecht gestellten Antrag hin die Eröffnung des Verfahrens verweigern kann. Dagegen spricht jedoch der Wortlaut des § 81 Abs. 1 ArbGG. Die Formulierung „das Verfahren *wird* ... eingeleitet" schließt eine materielle Prüfungsbefugnis des Gerichts aus[3].

Die Untersuchung zeigt, daß die Entschließung darüber, ob ein Verfahren eröffnet wird, allein beim Antragsteller liegt. Eingeleitet wird das Verfahren durch einen Formalakt des Gerichts[4].

---

[2] Vgl. BAG, AR-Blattei, Arbeitsgerichtsbarkeit XII, Entscheidungen Nr. 20; BAG, AP, § 81 ArbGG, Nr. 2.

[3] Müller, Beschlußverfahren, S. 42, gesteht dem Gericht zu, vor Eröffnung des Verfahrens auch die Antragsbefugnis prüfen zu dürfen.

[4] So auch Fenn, Festschrift, S. 124. Über die Bedeutung dieser Handlung vgl. Ausführung zur Ausgestaltung des Verfahrensmodells.

II. Bestimmung des Inhalts des Verfahrens

Eine Antwort auf die Frage, wer über den Inhalt des Verfahrens zu bestimmen hat, kann gleichfalls § 81 ArbGG entnommen werden. Es wurde im vorangegangenen gesagt, daß nach § 81 ArbGG die Gerichte nur auf Grund des Antrags eines Beteiligten zur Entscheidung berechtigt sind. Ein Gericht, das über einen anderen als den ihm im Antrag vorgelegten Gegenstand entscheiden wollte, würde mithin gegen § 81 Abs. 1 ArbGG verstoßen, da ein Verfahren dieses Inhalts nicht beantragt worden wäre[5].

Die Gerichte sind daher an den Inhalt des Antrags der Antragsteller gebunden. Sie dürfen in ihrer Entscheidung weder über den Antrag hinausgehen, noch eine vom Wortlaut des Antrags abweichende Entscheidung treffen, auch wenn diese der „Sach- und Rechtslage" eher entsprechen sollte[6].

Den Gerichten ist es entsprechend den bei der Auslegung von Willenserklärungen geltenden Grundsätzen der §§ 133, 157 BGB nur gestattet, den Antrag nach seinem Wortlaut und seiner Begründung auszulegen, um den wirklichen Willen des Antragstellers zu erforschen[7].

Im zweiten und dritten Rechtszug bestimmen die *Beschwerdeführer* den Inhalt des Beschwerdeverfahrens, was sich daraus ergibt, daß sie nach § 89 Abs. 2 ArbGG und nach § 94 Abs. 2 ArbGG anzugeben haben, „inwieweit die Abänderung des angefochtenen Beschlusses beantragt wird". Die Beschwerdeführer können das Beschwerdeverfahren sachlich auf einen Teil des Verfahrensgegenstandes beschränken, der das erstinstanzliche Verfahren bestimmt und über den das Gericht eine Entscheidung getroffen hat.

III. Einwirkungsmöglichkeiten der Beteiligten auf den Fortgang des Verfahrens

Im Urteilsverfahren ist es unter bestimmten Voraussetzungen zulässig, den Streitgegenstand im Wege einer Klageänderung neu zu bestimmen. Der Rechtsstreit kann ferner durch Parteierklärungen, durch Klagerücknahme, Erledigungserklärung oder Vergleich, beendet werden. Auch eine Anerkenntnis- oder Verzichtserklärung der Parteien

---

[5] BAG, DB 1969, S. 309, mit Hinweis auf frühere Rechtsprechung; Dersch / Volkmar, 6. Aufl., § 84, Anm. 2 a; Dietz / Nikisch, § 81, Anm. 24; Pohle, Festschrift, S. 184.

[6] a. M.: BVerwGE 10, S. 196 (197); ihm folgend Engelhard / Ballerstedt, § 85, Anm. 52.

[7] Vgl. BAG, AP, § 80 ArbGG Nr. 1; Neumann-Duesberg, Anm. zum Beschluß des BAG, AP, § 63 BetrVG 1952, Nr. 3.

führt durch das anschließende Urteil zur Beendigung des Rechtsstreits. Im folgenden soll untersucht werden, inwieweit die Beteiligten auf den Gang des Beschlußverfahrens einwirken können.

1. Rückziehung des Antrags

Im Gesetz ist die Möglichkeit vorgesehen, daß der Antragsteller seinen Antrag wieder „zurückziehen“ kann (§ 81 Abs. 2 Satz 1 ArbGG). Es soll untersucht werden, unter welchen Voraussetzungen es den Antragstellern gestattet ist, durch die „Rückziehung“ des Antrags die Beendigung des Verfahrens zu erwirken.

a) Rückziehung des Antrags im ersten Rechtszug

Nach § 81 Abs. 2 Satz 1 ArbGG kann „der Antrag ... jederzeit zurückgezogen werden“. „In diesem Fall“, so heißt es in § 81 Abs. 2 Satz 2 ArbGG weiter, „ist das Verfahren vom Vorsitzenden des Arbeitsgerichts einzustellen“.

Mithin ist eine Rückziehung des Antrags in der ersten Instanz uneingeschränkt zulässig. Voraussetzung ist nach § 81 ArbGG lediglich, daß die Rückziehung in „derselben Form“, das heißt in der für die Antragstellung vorgeschriebenen Form, vorgenommen wird. Die Rückziehung des Antrags ist also beim Gericht schriftlich einzureichen oder bei seiner Geschäftsstelle mündlich zur Niederschrift einzubringen.

Anders als durch die Rücknahme der Klage im arbeitsgerichtlichen Urteilsverfahren wird das Beschlußverfahren allerdings nicht schon durch die „Rückziehung“ des Antrags beendet. Zur Beendigung bedarf es, wie die Formulierung „ist ... einzustellen“ in § 81 Abs. 2 ArbGG zeigt, einer besonderen „Einstellungshandlung“ durch den Vorsitzenden des Gerichts.

Wie bei der „Einleitung“ des Verfahrens ist auch für ihr Gegenstück, die „Einstellung“, eine *besondere Form* nicht vorgeschrieben. Den Beteiligten ist allein die Einstellung des Verfahrens mitzuteilen[8].

Nach der gesetzlichen Formulierung „ist einzustellen“ steht dem Vorsitzenden des Gerichts, sofern nur die Formvorschrift für die Rückziehung beachtet wurde, auch keine Entscheidungsbefugnis darüber zu, ob das Verfahren einzustellen ist. Für die Rückziehung des Antrags gilt mithin die gleiche Regelung wie für die Antragstellung: Die Entschließung darüber, ob das Verfahren beendet wird, liegt allein beim

[8] Vgl. Dietz / Nikisch, § 81, Anm. 35. Demgegenüber verlangt Dersch / Volkmar, 6. Aufl., § 81, Anm. 8, Benachrichtigung des Antragstellers durch förmliche Zustellung. Diese Voraussetzung verlangt § 81 Abs. 2 Satz 3 ArbGG jedoch nicht.

Antragsteller. Beendet wird das Verfahren durch eine gerichtliche Handlung, die ohne Sachprüfung vorgenommen werden muß[9].

b) *Rückziehung des Antrags in den höheren Rechtszügen*

aa) Zulässigkeit der Antragsrückziehung

Fraglich ist, ob der Antrag auch noch im zweiten und dritten Rechtszug zurückgezogen werden kann.

In den Vorschriften über den zweiten und dritten Rechtszug ist die Frage der Antragsrückziehung nicht geregelt.

Aus dem Schweigen des Gesetzes wird in der Rechtsprechung und der Literatur gelegentlich auf die Unzulässigkeit einer Antragsrückziehung in den höheren Instanzen geschlossen[10].

Die Folgerung ist methodisch nur zulässig, wenn das Beschlußverfahren im Arbeitsgerichtsgesetz in einem derartig umfassenden Maße kodifiziert wäre, daß damit die Annahme einer ausfüllungsbedürftigen Lücke unvereinbar sein müßte. Es wurde jedoch bereits in dem einleitenden Teil dieser Arbeit dargestellt, daß die Vorschriften des Arbeitsgerichtsgesetzes das Beschlußverfahren nur lückenhaft regeln. Demgemäß sind auch in mehreren Fällen von der Rechtsprechung und Literatur teilweise bewußt offen gelassene Lücken durch sinngemäße Anwendung entsprechender Vorschriften, in einigen Fällen durch Übernahme ganzer Normenkomplexe, geschlossen worden[11].

Allein aus dem Schweigen des Gesetzes kann daher die Unzulässigkeit einer Antragsrückziehung in den höheren Instanzen nicht hergeleitet werden.

Stattdessen ist die Frage aufzuwerfen, ob die Vorschriften über den zweiten und dritten Rechtszug im Hinblick auf eine Rückziehung des Antrags gleichfalls eine regelungsbedürftige Lücke offenbaren, die durch eine entsprechende Anwendung des § 81 ArbGG zu schließen ist[12].

Gegen diese Auffasung werden allerdings rechtssystematische Einwände erhoben.

---

9 Grunsky, § 81, Anm. 9: „Die Einstellung des Verfahrens ist nur deklaratorisch."

10 So BAG. AP. § 81 ArbGG, Nr. 2; § 23 BetrVG 1952, Nr. 7; § 89 ArbGG, Nr. 9; BVerwGE 5, S. 263 (265), 7, S. 140; Dersch / Volkmar, 6. Aufl., § 81, Anm. 7; Dietz / Nikisch, § 81, Anm. 28; Engelhard / Ballerstedt, § 85, Anm. 46.

11 So die §§ 319 ff. ZPO zur Frage der Tatbestandsberichtigung, vgl. BAG, AP, § 81 ArbGG, Nr. 6.

12 So Rohlfing / Rewolle, § 81, Anm. 5. Kitzelmann, S. 302, fordert de lege ferrenda die Zulässigkeit der Antragsrücknahme in den höheren Instanzen.

Es wird vertreten, daß ein Antrag in den höheren Instanzen „mit Rücksicht auf die über die Beteiligten hinausgehenden Rechtswirkungen des bereits erlassenen Beschlusses nicht mehr zurückgenommen werden könne". Ein einmal erlassener Beschluß entfalte Rechtswirkungen, die außerhalb der Dispositionsbefugnis der Beteiligten lägen und dadurch zu einer endgültigen Entscheidung auch gegen den Willen der Beteiligten nötigten[13].

Es ist jedoch zu fragen, welche Rechtswirkungen ein Beschluß nach sich ziehen soll, dessen Richtigkeit nicht verbindlich feststeht und durch die Beschwerde in Frage gestellt worden ist.

Darüber hinaus muß bezweifelt werden, ob eine gerichtliche Entscheidung die erwähnten, aber nicht näher bezeichneten „über die Beteiligten hinausgehenden" Rechtswirkungen nach sich ziehen kann. Gegen das Vorliegen von Rechtswirkungen, auf die die Beteiligten keinen Einfluß haben sollen, spricht, daß selbst die Durchsetzung einer rechtskräftigen Entscheidung von einer außerbetrieblichen Stelle nicht erzwungen werden kann.

Weitere rechtssystematische Bedenken gegen die Zulässigkeit einer Antragsrückziehung in den höheren Instanzen werden darin gesehen, daß der Antragsteller nicht „einseitig in die dem Antragsgegner als Beteiligten zugewiesene Prozeß- und Rechtsstellung eingreifen und diese zunichte machen" dürfe. Die Unzulässigkeit einer „Antragsrücknahme" werde „besonders deutlich in dem Fall, in dem ein Antragsgegner in der ersten oder zweiten Instanz einen den Antrag zurückweisenden Beschluß erwirkte, den der Antragsteller dann in der höheren Instanz mit seinem Antrag zurücknehmen könnte".

Um diesen Bedenken Rechnung zu tragen, hätte es indessen nicht einer so gewichtigen Maßnahme wie des Verbots der Antragsrückziehung in den höheren Instanzen bedurft. Entsprechend der Regelung in der Streitigen Gerichtsbarkeit (§ 271 Abs. 2 ZPO) hätten diese Bedenken bereits dadurch ausgeräumt werden können, daß der Antrag in den höheren Instanzen auch nur unter der Voraussetzung der Einwilligung aller Beteiligten zurückgezogen werden dürfte[14]. Vor allem läßt sich aber gegen die zitierte Auffassung anführen, daß sie sich auf eine Prozeß- und Rechtsstellung der Beteiligten gründet, die für die Streitige Gerichtsbarkeit, nicht aber für das Beschlußverfahren gilt. Wie das angeführte Beispiel zeigt, wird dem Beschlußverfahren tatsächlich eine Gegnerschaft zwischen dem Antragsteller und den son-

---

[13] BAG, AP, § 81 ArbGG Nr. 2; AP, § 76 BetrVG, Nr. 21; AP, § 89 ArbGG, Nr. 9; BVerwG, AP, § 76 PersVG, Nr. 4.

[14] Vgl. Pohle, Festschrift, S. 184; ders., Anm. zum Urteil des BAG, AP, § 81 ArbGG, Nr. 2; Grunsky, § 80, Anm. 31.

stigen Beteiligten zugrundegelegt, die bezeichnenderweise auch als „Antragsgegner“ benannt werden. Es wurde jedoch bei der Darstellung des Verfahrensmodells gezeigt, daß eine Prozeßstellung, die dem für die Streitige Gerichtsbarkeit geltenden kontradiktorischen Verfahren entspricht, dem Beschlußverfahren fremd ist.

Die gegen die Zulässigkeit einer Antragsrückziehung in den höheren Instanzen erhobenen Bedenken rechtfertigen mithin nicht den Schluß, daß die Rückziehung des Antrags nach Erlaß einer erstinstanzlichen Entscheidung im Widerspruch zum System des Beschlußverfahrens stehe.

Für die Zulässigkeit der Antragsrückziehung in den Rechtsmittelinstanzen spricht hingegen folgende Überlegung:

Wie zur Frage der Antragsberechtigung ausgeführt, sind nur die im Betriebsverfassungsgesetz genannten Personen und Stellen berechtigt, die Gerichte zur Klärung betriebsverfassungsrechtlicher Fragen anzurufen. Diese verfahrensrechtliche Regelung entspricht dem im Betriebsverfassungsgesetz enthaltenen Grundsatz, daß allein die betrieblichen Partner und nicht eine außerbetriebliche „Überwachungsbehörde“ mit der Verwirklichung der betriebsverfassungsrechtlichen Ordnung betraut ist. Wenn es aber gegen den Willen der im Betriebsverfassungsgesetz genannten Personen und Stellen eine gerichtliche Entscheidung nicht geben darf, muß es diesen Personen und Stellen auch möglich sein, ein einmal eingeleitetes Verfahren wieder rückgängig zu machen. Die Rückziehung des Antrags ist das Gegenstück zu der in dem Antrag enthaltenen Willenserklärung[15].

Entsprechend diesem Grundsatz spricht § 81 ArbGG für die erste Instanz aus, daß der Antragsteller seinen Antrag „jederzeit“ wieder zurückziehen darf.

Es ist nicht ersichtlich, warum der Grundsatz, daß gegen den Willen der Beteiligten eine Entscheidung nicht getroffen werden darf, aufgehoben sein soll, sobald das Gericht einen noch nicht rechtskräftigen, anfechtbaren Beschluß erlassen hat. Immerhin wird auch in der ersten Instanz die Wirkung der vom Gericht erlassenen Eröffnungsentscheidung durch die dort gesetzlich geregelte Antragsrückziehung wieder hinfällig[16].

Die Zulässigkeit einer Antragsrückziehung in den höheren Instanzen erscheint auch durch eine analoge Betrachtungsweise gerechtfertigt. So gestatten die Verfahrensarten, die einen Rücktritt im erstinstanz-

---

[15] Vgl. Stein / Jonas / Schönke / Pohle, § 271, Anm. I 1.

[16] Vgl. ausführliche Begründung bei Fenn, Festschrift, S. 133.

lichen Verfahren zulassen, regelmäßig auch die Rücknahme des Antrags noch nach Erlaß einer vorinstanzlichen Entscheidung[17].

Insbesondere wird auch in der Freiwilligen Gerichtsbarkeit die Rückziehung des Antrags in den höheren Instanzen für zulässig erachtet, obwohl sie dort ebenfalls gesetzlich nicht geregelt ist[18]. Wenn im Beschlußverfahren eine Rückziehung des Antrags nur in der ersten Instanz gestattet sein sollte, müßten besondere Gründe vorliegen, die gegenüber dem im übrigen vergleichbaren Verfahren der Freiwilligen Gerichtsbarkeit eine abweichende Regelung erforderlich machen.

Derartige Gründe sind nicht ersichtlich. Alles spricht vielmehr für die Zulässigkeit einer Antragsrückziehung auch in den höheren Instanzen[19].

bb) Einwilligung der sonstigen Beteiligten

Im Zusammenhang mit der Frage der Zulässigkeit der Antragsrückziehung in den *höheren Instanzen* ist die Frage aufzuwerfen, ob die Rückziehung des Antrags wie in der Streitigen Gerichtsbarkeit nur mit „Einwilligung" (§ 271 ZPO) der sonstigen Beteiligten erfolgen kann.

In der Streitigen Gerichtsbarkeit ist das Erfordernis der „Einwilligung" im Falle der Klagrücknahme aus dem dort geltenden Parteienverständnis zu erklären. Die Einwilligung des Beklagten soll verhindern, daß der Kläger sich einseitig aus dem zwischen ihm und dem Beklagten bestehenden prozeßrechtlichen Verhältnis lösen kann. Mit dem Beginn seiner Einlassung erhält der Beklagte ein „Recht auf Entscheidung über den in der Klage geltend gemachten Anspruch"[20].

Da die prozessuale Stellung der Beteiligten im Beschlußverfahren maßgeblich von der Stellung der Parteien in der Streitigen Gerichtsbarkeit abweicht, erscheint es zweifelhaft, ob auch hier die Einwilligung der sonstigen Beteiligten für eine Rückziehung erforderlich ist.

Im Beschlußverfahren braucht kein Beteiligter vor prozessualen Schritten des Antragstellers geschützt zu werden. Die sonstigen Beteiligten sind dem grundsätzlichen Verständnis des Beschlußverfahrens

---

17 Vgl. § 271 ZPO, § 92 VwGO.

18 Vgl. Bayerisches Oberstes Landgericht, OLGE 31, S. 307 (im Grundbuch-Eintragungsverfahren); OLG Rostock OLGE 35, S. 370; Rewolle, ArbuR 1959, S. 174 ff.; Schlegelberger, § 12, Anm. 5 a.

19 So im Ergebnis OVG Münster, ZBR 1957, S. 301; Grunsky, § 80, Anm. 31; Hueck / Nipperdey, 1. Bd., 7. Aufl., S. 982, Fußnote 33; Pohle, ebd., und Festschrift, S. 184; Rewolle, ArbuR 1959, S. 174 ff., Rohlfing / Rewolle, § 81, Anm. 5; vgl. auch Schneider, AR-Blattei, Arbeitsgerichtsbarkeit XII F I 7; Lepke, RdA 1974, S. 230; ders. in DB 1975, S. 1942; a. M. BAG, AP, § 81 ArbGG, Nr. 2; BAG, AP, § 89 ArbGG, Nr. 9; Wichmann, ArbuR 1974, S. 12.

20 Stein / Jonas / Schönke / Pohle, § 271, Anm. II 1.

nach — auch wenn ihre Interessenlage der des Antragstellers entgegensteht — nicht Gegner des prozessualen Begehrens des Antragstellers, sondern werden zur Beantwortung betriebskonstitutioneller Fragen durch das Gericht herangezogen.

Auch der Gesichtspunkt der Belästigung des Beklagten entfällt im Beschlußverfahren. Während der Beklagte in der Streitigen Gerichtsbarkeit zum Termin erscheinen und sich einlassen muß, um ein Versäumnisurteil zu vermeiden, ist es den sonstigen Beteiligten im Beschlußverfahren unbenommen, sich am Verfahren zu beteiligen oder ohne schwerwiegenden Rechtsnachteil fernzubleiben. Der Beteiligte verwirkt allein seinen Anspruch auf rechtliches Gehör, wenn er aus Interessenlosigkeit trotz Aufforderung durch das Gericht unentschuldigt dem Verfahren fernbleibt.

Hinzu kommt folgendes: Während in der Streitigen Gerichtsbarkeit nach der mündlichen Verhandlung die Rücknahme der Klage an die Einwilligung der Beklagten gebunden ist, räumt § 81 Abs. 2 ArbGG für die erste Instanz den sonstigen Beteiligten kein Recht auf eine Mitentscheidung über den Verfahrensgegenstand ein. Der Antragsteller ist berechtigt, „jederzeit" ohne Einwilligung der sonstigen Beteiligten seinen Antrag wieder zurückzuziehen.

Es ist wiederum nicht ersichtlich, aus welchen Gründen das Prozeßrechtsverhältnis der am Verfahren Beteiligten sich durch den Erlaß einer vorinstanzlichen Entscheidung geändert haben sollte[21].

c) *Rückziehung des Antrags bei Vorliegen mehrerer Anträge*

Zu den Besonderheiten des Beschlußverfahrens gehört, daß regelmäßig nicht nur ein, sondern zwei und mehr Sachanträge gestellt werden können, die in einem Verfahren verbunden werden.

Dem Antrag des Betriebsrats nach § 23 BetrVG auf Ausschluß eines Betriebsratsmitgliedes kann der Arbeitgeber und eine im Betrieb vertretene Gewerkschaft beitreten.

---

[21] Gegen das Erfordernis der Einwilligung sprechen sich Rewolle, ArbuR 1959, S. 174 ff.; Lepke, RdA 1974, S. 230; ders., DB 1975, S. 1943, aus. Die Rechtsprechung hat zu dieser Frage nicht Stellung bezogen, da sie eine Rückziehung des Antrags in den höheren Instanzen generell ablehnt. Immerhin hat das OVG Koblenz, AP, § 31 PersVG, Nr. 2, im Falle der Antragsänderung die „Einwilligung" der sonstigen Beteiligten wegen der besonderen Verfahrensstruktur des Beschlußverfahrens nicht für erforderlich gehalten. Das Erfordernis der Einwilligung bei Klagrücknahme und Klagänderung ist aber in der Streitigen Gerichtsbarkeit aus dem gleichen Bedürfnis aufgestellt worden. Durch die Notwendigkeit der Einwilligung soll der Kläger gehindert werden, einseitig in das bestehende Prozeßrechtsverhältnis einzugreifen. Vgl. Baumbach / Lauterbach, § 269, Anm. 2 D.

Zieht nun der Betriebsrat seinen Antrag zurück, so führt das zwangsläufig nicht zur Einstellung des Verfahrens. Das Verfahren ist weiterzuführen, solange noch ein Beteiligter seinen Antrag aufrechterhält[22].

Das gleiche gilt, wenn während der zweiten Instanz von einem Beteiligten ein weiterer Sachantrag gestellt wird. Seiner Zulässigkeit begegnen wie die Widerklage im Berufungsverfahren der Streitigen Gerichtsbarkeit grundsätzlich keine Bedenken[23]. Eine Einstellung des Verfahrens ist ebenfalls an die Rückziehung des von einem Beteiligten in der zweiten Instanz gestellten Antrags gebunden.

Bei der Vielzahl von Sachanträgen, die häufig im Beschlußverfahren gestellt werden, kann es vorkommen, daß ein Beteiligter nach Antragstellung sein Interesse am Verfahren verloren hat und ohne Rückziehung des Antrags sich dem Verfahren fernhält.

Um nicht eine von keinem Beteiligten gewünschte Entscheidung auszusprechen, kann sich das Gericht in einem solchen Fall nur an den betreffenden Beteiligten wenden und ihn unter Fristsetzung auffordern, sich zu erklären, ob er seinen Antrag aufrechterhalten will. In dem Schreiben ist dem Beteiligten mitzuteilen, daß sein weiteres Schweigen als ein Verzicht auf die Weiterverfolgung des Antrags ausgelegt wird.

2. Änderung des Verfahrensgegenstandes

Denkbar ist ferner, daß die Beteiligten versuchen, durch Änderung des Verfahrensgegenstandes auf den Fortgang des Verfahrens Einfluß zu nehmen.

Eine Änderung des Verfahrensgegenstandes liegt vor, wenn der im Verfahren gestellte Antrag erweitert, wenn ein neuer Antrag anstelle des alten oder neben diesem erhoben wird oder wenn der Antragsteller seinen Antrag auf einen anderen Sachverhalt stützt[24].

Nach der zuletzt genannten Alternative liegt also eine Änderung des Verfahrensgegenstandes auch vor, wenn der Antragsteller die Begründung für seinen Antrag auf Auflösung des Betriebsrats ändert.

---

22 Vgl. Müller, Beschlußverfahren, S. 40.

23 Vgl. § 529 Abs. 3 ZPO. Auf die „Einwilligung" der sonstigen Beteiligten kommt es anders als in der Streitigen Gerichtsbarkeit nicht an. Es gelten hier die gleichen Gründe, nach denen die Einwilligung der sonstigen Beteiligten bei einer Antragsrückziehung und Antragsänderung nicht erforderlich ist.

24 Hier wird dem zweigliedrigen Streitgegenstandsbegriff gefolgt. Danach bestimmt sich der Streitgegenstand nach Antrag und Klaggrund (Sachverhalt). So BGH, NJW 1954, S. 640; Nikisch, Streitgegenstand, S. 14 ff.; derselbe, Zivilprozeßrecht, S. 180 ff.; Habscheid, S. 265 ff. a. M.: Schwab, 109 ff.; ihm folgend Rosenberg / Schwab, S. 544, nach denen der Streitgegenstand sich allein nach dem Antrag bestimmt.

Wird der Antrag seinem Inhalt nach vermindert, so liegt eine teilweise Rückziehung des Verfahrensgegenstandes vor, deren Zulässigkeit nach den Grundsätzen über die Rückziehung von Anträgen zu beurteilen ist. Der Fall einer Antragsminderung soll daher bei den folgenden Erwägungen außer Betracht bleiben.

a) Prüfung der Zulässigkeit

In den Vorschriften über das Beschlußverfahren ist eine Änderung des Verfahrensgegenstandes nicht geregelt.

Für die Zulässigkeit einer Antragsänderung besteht jedoch aus prozeßwirtschaftlichen Gründen ein Bedürfnis. Ohne die Möglichkeit einer Änderung des Verfahrensgegenstandes müßte ein Antragsteller stets seinen alten Antrag zurückziehen und ein neues Verfahren beantragen, wozu er zwar jederzeit berechtigt wäre. Es besteht aber ein aus der Praxis zu rechtfertigender Grund, ihm in einem gleichsam abgekürzten Verfahren das gleiche zuzubilligen. Die Zulässigkeit einer Änderung des Verfahrensgegenstandes würde dem Gericht ferner ermöglichen, Erklärungen der Beteiligten und durchgeführte Beweisaufnahmen im anhängigen Verfahren weiter zu verwerten.

Es stellt sich jedoch die Frage, ob eine Änderung des Verfahrensgegenstandes mit dem System des Beschlußverfahrens vereinbart werden kann.

Die Änderung des Verfahrensgegenstandes zerfällt in zwei Teilakte: (1) Aufgabe des früheren Prozeßzieles und (2) Einführung eines neuen prozessualen Begehrens.

Die Aufgabe des ursprünglichen prozessualen Begehrens entspricht der Antragsrückziehung. Da eine Antragsrückziehung, wie dargelegt worden ist, in allen Rechtszügen zulässig ist, lassen sich gegen den Vollzug dieses Teilaktes keine Bedenken erheben.

Auch die Einführung eines neuen prozessualen Begehrens ist jedenfalls im ersten Rechtszug als zulässig anzusehen, da ein Antragsteller jederzeit durch seinen Antrag die Eröffnung eines neuen Verfahrens erwirken kann[25].

Gegen die Zulässigkeit eines neuen prozessualen Begehrens noch in der zweiten Instanz könnte demgegenüber angeführt werden, daß dem Antragsteller auf diese Weise eine Instanz verloren geht.

---

[25] So BAG, AR-Blattei, Arbeitsgerichtsbarkeit XII, Entscheidungen Nr. 28, BAG 16, S. 8 (12); OVG Koblenz, AP, § 31 PersVG, Nr. 2; Pohle, Festschrift, S. 180; Schneider, AR-Blattei, Arbeitsgerichtsbarkeit XII E I 9; Schnorr von Carolsfeld, S. 502, Fenn, Festschrift, S. 126, 127. a. M.: Dersch / Volkmar, 6. Aufl., § 81, Anm. 1.

Diesem Gesichtspunkt darf jedoch keine entscheidende Bedeutung beigemessen werden, weil die Änderung des Verfahrens vom *Antragsteller*[26] gewollt, der Verlust einer Instanz mithin von ihm in Kauf genommen wird[27].

Daß dieser Gesichtspunkt von keiner maßgeblichen Bedeutung sein kann, ist auch daraus zu ersehen, daß diejenigen Verfahrensordnungen, die Bestimmungen über eine Änderung des Verfahrens enthalten — wie § 264 ZPO, §§ 91, 125 Abs. 1 VwGO —, eine Verfahrensänderung auch in der zweiten Instanz zulassen.

Die Änderung des Antrags in der dritten Instanz ist allerdings nicht mehr zulässig, da es sich hier nicht um eine Tatsacheninstanz handelt. Nach § 93 ArbGG wird in der dritten Instanz der Beschwerdebeschluß ausschließlich auf seine Vereinbarkeit mit dem geltenden Recht geprüft. Diese Prüfung setzt aber voraus, daß die im zweiten und dritten Rechtszug gestellten Anträge übereinstimmen[28].

Die Untersuchung hat gezeigt, daß gegen eine Antragsänderung im ersten und zweiten Rechtszug grundsätzlich keine rechtssystematischen Einwände erhoben werden können[29].

b) Voraussetzungen einer Änderung des Verfahrensgegenstandes

Es wird jedoch zu prüfen sein, ob an die Zulässigkeit der Verfahrensänderung im ersten und zweiten Rechtszug wie im arbeitsgerichtlichen Urteilsverfahren nach § 46 Abs. 2 ArbGG die Voraussetzungen des § 264 ZPO — Einwilligung der Beteiligten oder Sachdienlichkeit der Verfahrensänderung — zu stellen sind[30].

In der Streitigen Gerichtsbarkeit ist eine Klagänderung, wie die Formulierung des § 264 ZPO „... nur zulässig, wenn ...“ zeigt, „nach Ein-

---

26 Daß es auf das Einverständnis der sonst am Verfahren Beteiligten nicht ankommt, wird im folgenden nachgewiesen.

27 Vgl. die unter Anm. 25 angeführte Rechtsprechung und Literatur.

28 So BAG, AP, § 80 ArbGG, Nr. 2.

29 So Grunsky, § 80, Anm. 34; a. M. BAG 16, S. 8 (13); vgl. aber BAG, AP, § 89 ArbGG, Nr. 10.

30 BAG, AR-Blattei, Arbeitsgerichtsbarkeit XII, Entscheidung Nr. 28, und Schnorr von Carolsfeld, S. 502, fordern unter Hinweis auf § 264 ZPO, daß die sonstigen Beteiligten in die Antragsänderung einwilligen oder daß das Gericht sie für sachdienlich erklärt. Nach Schnorr von Carolsfeld ist eine Einwilligung der sonstigen Beteiligten aber nur dann erforderlich, wenn „echte Streitentscheidungen“ im Beschlußverfahren zu fällen sind. Demgegenüber fordern OVG Koblenz, AP, § 31 PersVG, Nr. 2; Pohle, Festschrift, S. 180, und Schneider, AR-Blattei, Arbeitsgerichtsbarkeit XII E I 9, unter Hinweis auf die zweite Alternative des § 264, daß die Gerichte die Sachdienlichkeit einer Antragsänderung prüfen, um deren „Mißbrauch“ entgegenzuwirken.

tritt der Rechtshängigkeit" grundsätzlich verboten und nur unter den angeführten Voraussetzungen gestattet[31]. Diese Erschwerung der Klagänderung erfolgt im Interesse des Beklagten, der vor einem leichtfertig geführten Prozeß des Klägers geschützt werden soll[32].

Es wurde aber bereits zu der Frage, ob die Rückziehung des Antrags in den höheren Instanzen an die Einwilligung der sonstigen Beteiligten gebunden ist, ausgeführt, daß die sonstigen Beteiligten im Beschlußverfahren anders als in der Streitigen Gerichtsbarkeit keines besonderen Schutzes bedürfen, wenn der Antragsteller sein ursprüngliches Verfahrensziel aufgeben will.

Diese Auffassung stützt sich einmal auf die in § 81 ArbGG getroffene gesetzgeberische Wertung, wonach der Antrag auch nach Anhörung der Beteiligten ohne deren Einwilligung zurückgezogen werden kann. Ferner entfällt im Beschlußverfahren, wie ausgeführt wurde, in Anbetracht der anders gearteten Verfahrensstruktur der Gesichtspunkt des Schutzes der sonstigen Beteiligten, der in der Streitigen Gerichtsbarkeit die Klagänderung an die Einwilligung des Beklagten bindet.

Für die Zulässigkeit einer Verfahrensänderung kommt es daher auf die Einwilligung der sonstigen Beteiligten nicht an[33].

Mit dieser Feststellung entfällt auch das Erfordernis, die „Sachdienlichkeit" einer Verfahrensänderung zu untersuchen. Diese Voraussetzung ist vom Gesetzgeber aufgestellt worden, um eine Änderung des Verfahrensgegenstandes trotz fehlender Einwilligung zu ermöglichen[34], wenn diese der sachlichen Erledigung des Streitfalls förderlich ist[35]. Da es im Beschlußverfahren auf die Einwilligung der sonstigen Beteiligten nicht ankommt, bedarf es keiner weiteren Untersuchung ihrer Sachdienlichkeit.

Eine Verfahrensänderung ist daher im ersten und zweiten Rechtszug ohne Einschränkung zulässig.

---

[31] Die in § 268 Nr. 2 und Nr. 3 ZPO aufgeführten Fälle werden vom Gesetz nicht als „Änderungen der Klage" behandelt und unterliegen daher nicht dem Verbot des § 264 ZPO. Richtiger wäre es gewesen, diese Fälle als „zulässige Klageänderungen" zu bezeichnen. Vgl. Lent / Jauering, § 41, Anm. II 2; Rosenberg / Schwab, S. 546.

[32] Vgl. Baumbach / Lauterbach, § 263, Anm. 2 B; Stein / Jonas / Schönke / Pohle, § 264, Anm. I 1; Wieczorek, § 264, Anm. A. In der ursprünglichen Fassung der ZPO von 1877 war eine Klagänderung im Interesse des Beklagten nicht vorgesehen.

[33] So OVG Koblenz, AP, § 31 PersVG, Nr. 2; Pohle, Festschrift, S. 180; Schneider, AR-Blattei, Arbeitsgerichtsbarkeit, XII E I 9; anders BAG 16, S. 8 (12) unter Hinweis auf das arbeitsgerichtliche Urteilsverfahren; Grunsky, § 80, Anm. 34; Müller, Beschlußverfahren, S. 45.

[34] Stein / Jonas / Schönke / Pohle, § 264, Anm. 1; Wieczorek, § 264, Anm. A.

[35] BGHZ 1, S. 72.

Da nach dem zugrundeliegenden Verfahrensmodell die Beteiligten nicht unmittelbar auf das Verfahren Einfluß nehmen können, der Verfahrensablauf — Beginn durch Antragstellung, Beendigung durch Rückziehung des Antrags — vielmehr erst durch eine zusätzliche Handlung des Gerichts bewirkt wird, vermag auch die auf eine Änderung des Verfahrensgegenstandes gerichtete Erklärung des Antragstellers nicht unmittelbar eine Änderung herbeizuführen.

In der Erklärung ist stattdessen ein an das Gericht gestellter Antrag zu sehen, die Änderung des Verfahrens zuzulassen. Diesem Antrag hat das Gericht entsprechend der gesetzlichen Regelung bei Stellung und Rückziehung des Antrags stattzugeben, wenn die formellen Voraussetzungen vorliegen, das heißt die Änderung im „Ersten Rechtszug" in der für die Antragstellung, im „Zweiten" und „Dritten Rechtszug" in der für die Beschwerde und weitere Beschwerde vorgeschriebenen Form beantragt wird.

Die Änderung des Verfahrensgegenstandes ist entsprechend § 81 Abs. 2 ArbGG in derselben Form zu beantragen, in der der Antrag zu stellen ist, also schriftlich oder mündlich zur Niederschrift der Geschäftsstelle.

3. Erledigungserklärung

Die Beteiligten könnten ferner versuchen, auf den Fortgang des Verfahrens dadurch Einfluß zu nehmen, daß sie die strittige Angelegenheit „für erledigt erklären". Es fragt sich, ob ein solcher Schritt im Beschlußverfahren zu den gleichen Rechtsfolgen wie in der Streitigen Gerichtsbarkeit führt.

a) Übereinstimmende Erledigungserklärung der Beteiligten

In den Vorschriften über das arbeitsgerichtliche Beschlußverfahren findet sich keine Bestimmung darüber, ob die Beteiligten durch eine gemeinsame Erledigungsanzeige das Verfahren beenden können. Für das arbeitsgerichtliche Urteilsverfahren gilt § 91 a ZPO, wie sich aus der allgemeinen Verweisung in § 46 Abs. 2 ArbGG auf die Vorschriften der Zivilprozeßordnung ergibt.

Es stellt sich die Frage, ob die im Urteilsverfahren geltende Regelung „über die Erledigung des Rechtsstreits in der Hauptsache" gemäß § 91 a ZPO im Beschlußverfahren entsprechend angewandt werden kann.

Nach § 91 a ZPO können die Parteien jederzeit durch übereinstimmende Erledigungserklärungen die Rechtshändigkeit in der Hauptsache beenden. Im Falle der übereinstimmenden Erledigungserklärung ist das Gericht nicht berechtigt, die tatsächlichen Voraussetzungen des erledigenden Ereignisses nachzuprüfen[36].

Es ist zweifelhaft, ob diese der Streitigen Gerichtsbarkeit eigentümliche Form der Beendigung des Verfahrens mit dem System des Beschlußverfahrens zu vereinbaren ist. Eine Geltung des § 91 a ZPO wäre allenfalls im Wege der entsprechenden Anwendung möglich.

Gegen eine entsprechende Anwendung spricht jedoch, daß die prozessuale Erledigungserklärung nach § 91 a ZPO auf dem für das Gericht verbindlichen tatsächlichen Vortrag der Beteiligten beruht, daß ein außergerichtliches Ereignis die strittige Angelegenheit gegenstandslos gemacht habe. Im Beschlußverfahren können die Beteiligten jedoch, wie die Wiedergabe des für das Beschlußverfahren geltenden Verfahrensmodells gezeigt hat, anders als die Parteien in der Streitigen Gerichtsbarkeit nicht über den Streitstoff bestimmen.

Aus diesem Grund ist auch in den Verfahren der Freiwilligen Gerichtsbarkeit, denen das Beschlußverfahren nachgebildet ist, das Rechtsinstitut der Erledigungserklärung entsprechend § 91 a ZPO nicht bekannt[37].

Im Beschlußverfahren ist das Gericht daher an die auch übereinstimmend vorgetragene Behauptung, ein bestimmter Tatbestand habe sich ereignet, nicht gebunden. Das Gericht hat vielmehr von sich aus auch den übereinstimmend vorgetragenen Sachverhalt auf seine Richtigkeit hin zu überprüfen.

Hieraus folgt, daß die Beteiligten im Beschlußverfahren nicht schon durch eine gemeinsame Erledigungsanzeige auf eine Beendigung des Verfahrens hinwirken können[38].

b) Erledigungserklärung im Falle der tatsächlichen Erledigung des Verfahrensgegenstandes

Denkbar ist aber der Fall, daß sich ein Verfahren dem Gegenstand nach gerichtsbekannt tatsächlich erledigt hat. Dem Antrag des Antragstellers kann durch ein nach der Antragstellung auftretendes Ereignis entsprochen werden. Er kann aber auch durch eine spätere Entwicklung innerhalb des Betriebes gegenstandslos geworden sein.

---

[36] Baumbach / Lauterbach, § 91 a, Anm. 2 B, und die dort angeführte Literatur.

[37] BayObLGZ 1958, S. 222; Grunsky, Grundlagen, § 12 IV.

[38] So BAG, AP, § 81 ArbGG, Nr. 2, BAG 22, S. 289 (293); BVerwG, AP, § 31 PersVG, Nr. 12; § 76 PersVG, Nr. 14; offenlassend noch in BVerwGE 5, S. 263 (265); OVG Münster, ZBR 1957, S. 301; Dütz, SAE 1975, S. 40; Müller, Beschlußverfahren, S. 43; Neumann-Duesberg, Anm. zu AP, § 23 BetrVG, Nr. 7; Wichmann, ArbuR 1974, S. 12; a. M. LAG Berlin, § 89 ArbGG, Nr. 11, mit zustimmender Anmerkung von Fenn, ebd.; ders., Festschrift, S. 133 ff.; Grunsky, § 80, Anm. 33; Pohle, Festschrift, S. 185, 186; Schneider, AR-Blattei, Arbeitsgerichtsbarkeit XII E I 10.

Bei dieser Rechtslage wollen das Bundesarbeitsgericht und das Bundesverwaltungsgericht[39] dem Umstand der Erledigung des Verfahrensgegenstandes in ihren Entscheidungen Rechnung tragen.

Das Bundesarbeitsgericht erkennt in dem Falle, in dem die tatsächliche Erledigung des strittigen Tatbestandes auch zur Überzeugung des Gerichts feststeht, „im Wege der ergänzenden Rechtsprechung“ durch Beschluß, daß „das Verfahren sich erledigt habe“. Soweit vorinstanzliche Entscheidungen bestehen, werden diese im Erledigungsbeschluß „aufgehoben“.

Das Bundesverwaltungsgericht stellt demgegenüber das Verfahren „wegen Erledigung der Hauptsache“ ein. Vorinstanzliche Entscheidungen erklärt es für „unwirksam“.

Gegen die angeführte Rechtsprechung beider Gerichte lassen sich gewichtige, rechtssystematische Bedenken erheben.

Es ist nämlich zu fragen, ob im Beschlußverfahren über einen auf „Erledigung“ gerichteten Antrag noch entschieden werden darf, wenn sich das Verfahren tatsächlich erledigt hat.

Hat sich das Verfahren dem Gegenstand nach durch ein außergerichtliches Ereignis erledigt, ist das Rechtsschutzinteresse des Antragstellers an der Weiterverfolgung seines Antrages entfallen. Das Rechtsschutzinteresse ist aber nicht nur für die Antragstellung unerläßlich. Es muß für den gesamten Verlauf des Verfahrens vorausgesetzt werden. Fehlt das Rechtsschutzinteresse bei der Antragstellung oder verliert es der Antragsteller während des Verfahrens, ist das Gericht wegen Fehlens einer Prozeßvoraussetzung an einer sachlichen Entscheidung gehindert[40]. Der Antrag ist abzuweisen.

Da die Gerichte zu jedem Zeitpunkt des Verfahrens von Amts wegen die Frage des Rechtsschutzbedürfnisses zu prüfen und, sofern das Rechtsschutzbedürfnis entfallen ist, über den Sachantrag zu entscheiden haben, bleibt mithin für einen auf Erledigung gerichteten Antrag kein Raum. Eine Entscheidung hierüber ist mithin nicht gestattet.

Das Bundesarbeitsgericht und ihm folgend das Bundesverwaltungsgericht sahen sich durch zweierlei Erwägungen zu ihrer systemfremden Rechtsprechung veranlaßt.

Das Bundesarbeitsgericht ist der Auffassung, daß es durch eine abweisende Entscheidung „mehr entscheiden“ würde, „als es mit Rück-

---

[39] BAG, AP, § 81 ArbGG, Nr. 2; AP, § 23 BetrVG 1952, Nr. 7; BVerwG, AP, § 31 PersVG, Nr. 12; § 76 PersVG, Nr. 14; ZBR 1958, S. 24 (25), unter Berufung auf die Rechtsprechung des BAG mit zustimmender Anm. von Windscheid.

[40] Vgl. BAG, AP, § 81 ArbGG Nr. 2, Nr. 9.

sicht darauf, daß es eine sachliche Prüfung nicht mehr vornehmen kann, zu entscheiden in der Lage ist". Diese Argumentation vermag nicht zu überzeugen, da der Wegfall einer Prozeßvoraussetzung typischerweise das Gericht zu einer ablehnenden Entscheidung zwingt, ohne daß es in eine sachliche Auseinandersetzung über das prozessuale Begehren eintreten darf. Das gilt für den Fortfall des Rechtsschutzinteresses ebenso wie für den Wegfall der Prozeßfähigkeit und anderer prozessualer Voraussetzungen.

Die angeführte Argumentation des Bundesarbeitsgerichts ist auch nur auf dem Hintergrund der sich daran anschließenden Erwägungen zu sehen. Das Bundesarbeitsgericht möchte eine abweisende Entscheidung vor allem deshalb vermeiden, um nicht die Antragsteller zu „beschweren", die ihren Antrag rechtzeitig gestellt haben und schuldlos an der langen Verfahrensdauer und des damit verbundenen Wegfalls des Rechtsschutzinteresses sind. Im betrieblichen Bereich solle durch eine abweisende Entscheidung nicht der Eindruck erweckt werden, als ob der Antrag von Anfang an erfolglos gewesen sei.

Der Ausgangspunkt dieser Argumentation trifft jedoch nicht zu, da die tatsächliche Erledigung des Verfahrens nicht unausweichlich zu einer abweisenden Entscheidung führen muß. Will nämlich der Antragsteller eine Abweisung verhindern, so kann er seinen Antrag wieder zurückziehen[41], wozu er während des ganzen Verfahrensablaufs in der Lage ist.

Die jederzeit zulässige Antragsrückziehung macht mithin das der Streitigen Gerichtsbarkeit eigentümliche Rechtsinstitut der Erledigungserklärung entbehrlich. Im Zivilprozeß ist eine unterschiedliche Ausgestaltung beider Rechtsinstitute maßgeblich im Hinblick auf die Kostentragung getroffen worden, indem im Falle der Klagrücknahme die Kosten vom Kläger allein getragen werden, im Falle der Erledigung aber die Kosten „nach billigem Ermessen unter Berücksichtigung des bisherigen Sach- und Streitstandes" zu verteilen sind (§ 91 a ZPO)[42]. Da aber im Beschlußverfahren Kostenfreiheit gilt[43], kommt diesem Gesichtspunkt hier keine Bedeutung zu.

Auf die Rückziehung des Antrags hin hat das Gericht in der gleichen Weise zu verfahren, wie das Bundesverwaltungsgericht auf eine Erledigungserklärung des Antragstellers hin vorgeht[44]. Das Verfahren ist

---

41 Wie hier OVG Münster, ZBR 1957, S. 301.

42 Daß das Kostenmoment im Vordergrund steht, ergibt sich auch aus dem Umstand, daß die Möglichkeit einer Erledigungserklärung allein in den Kostenvorschriften erwähnt wird.

43 Vgl. BAG, AP, § 81 ArbGG, Nr. 2; Söllner, S. 261.

44 Vgl. hierzu Stein / Jonas / Schönke / Pohle, § 271, Anm. I 1: „Die Erklärung der Erledigung in der Hauptsache ist ... eine besondere Art der Klagrücknahme."

einzustellen (§ 81 Abs. 2 ArbGG), bereits ergangene Entscheidungen sind in entsprechender Anwendung des § 271 Abs. 3 ZPO „für unwirksam zu erklären". Der vom Bundesverwaltungsgericht beigefügte Zusatz, daß „wegen Erledigung" eingestellt werde, ist systemwidrig, da der Umstand der Erledigung als Teil der Begründung nicht in den Tenor, sondern in die Gründe des Einstellungsbeschlusses gehört[45].

Stellt daher ein Antragsteller einen Antrag auf „Erledigung des Verfahrens", wird stets zu untersuchen sein, ob dieser Antrag in eine Antragsrückziehung ausgelegt werden kann. Ist eine Auslegung in eine Antragsrückziehung nicht möglich, ist der Antragsteller in entsprechender Anwendung des § 139 ZPO über die Rechtslage aufzuklären.

Die Verweisung auf die jederzeit zulässige Antragsrückziehung im Falle der objektiven Erledigung führt zur Frage, ob hiermit dem vom Bundesarbeitsgericht angeführten Gesichtspunkt Rechnung getragen werden kann, wonach der Antragsteller, der schuldlos an der langen Verfahrensdauer und des damit verbundenen Wegfalls des Rechtsschutzinteresses ist, im betrieblichen Bereich auch optisch keinen Nachteil erleiden soll.

Der Rechtsprechung des Bundesarbeitsgerichts könnte zwar entgegnet werden, daß dem Gericht eine derartige Rücksichtnahme nicht zustehe. Dieser Einwand ist aber nicht begründet. Tatsächlich ist das Gericht, soweit es im Rahmen des Beschlußverfahrens tätig wird, nicht nur entscheidende Instanz. Vielmehr hat es, wie früher dargelegt worden ist, angesichts seiner starken Einwirkungsmöglichkeiten auf das betriebliche Geschehen, indem es mitunter auch anstelle betrieblicher Stellen zu handeln hat, stets den Grundsatz der vertrauensvollen Zusammenarbeit zu berücksichtigen. Dieser verlangt aber auch eine Rücksichtnahme auf psychologische Wirkungen seiner Entscheidung, namentlich dann, wenn es sich um einen Einstellungsbeschluß handelt, der auf die Antragsrückziehung eines nicht offensichtlich unbegründeten Antrags ergeht[46]. Ein derartiger Einstellungsbeschluß sollte daher im Interesse des Antragstellers besonders begründet werden. Demgegenüber könnte allerdings eingewendet werden, daß für eine Begründung des Beschlusses kein Raum sein kann, wenn sich andere Beteiligte im Wege der Anfechtung des Beschlusses und seiner Begründung nicht wehren können. Dieser Einwand kann indessen nicht durchschlagen. Eine Begründung des Einstellungsbeschlusses brauchte lediglich die

---

[45] Vgl. Baumbach / Lauterbach, § 313, Anm. 5. So ist auch nach Rosenberg / Schwab, S. 308 ff., die vergleichbare Tenorierung „Die Klage wird als unzulässig oder als unbegründet abgewiesen" nicht gestattet.

[46] Hierauf weist auch Grunsky, SAE 1971, S. 26, hin, woraus er rechtspolitisch die Notwendigkeit für eine Erledigungsanzeige im Beschlußverfahren folgert.

Tatsachen zu enthalten, aus denen sich die Antragsrückziehung ergibt, das heißt die Feststellung, daß der Grund zur Verfolgung des Antrags für den Antragsteller weggefallen ist und daß deshalb die Sache auch nicht weiterverfolgt wird.

4. Vergleich

In den Vorschriften über das Beschlußverfahren wird auch die Zulässigkeit eines gerichtlichen Vergleichs nicht geregelt. Die Verweisung in § 80 Abs. 2 ArbGG auf die für die „Verhandlungsführung vor der Kammer" im arbeitsgerichtlichen Urteilsverfahren geltenden Bestimmungen zeigt jedoch, daß auch im Beschlußverfahren auf eine Einigung zwischen den Beteiligten hingewirkt werden soll[47]. Diesen Auftrag an das Gericht spricht insbesondere § 57 Abs. 2 ArbGG aus, der gemäß § 80 Abs. 2 ArbGG für das Beschlußverfahren entsprechend anzuwenden ist. Danach hat das Gericht im Interesse des Betriebsfriedens „während des ganzen Verfahrens" die gütliche Erledigung des Verfahrens anzustreben[48].

Es fragt sich jedoch, ob ein gerichtlicher Vergleich nach seiner Ausgestaltung, die er in den herkömmlichen Verfahrensweisen gefunden hat, in das System des Beschlußverfahrens eingefügt werden kann.

Nach der herrschenden Auffassung in Rechtsprechung und Lehre hat der gerichtliche Vergleich[49] einerseits eine Prozeßhandlung, andererseits ein materielles Rechtsgeschäft zum Inhalt[50]. Durch den gerichtlichen Vergleich wird nicht nur das materielle Rechtsverhältnis in bezug auf den Verfahrensgegenstand vertraglich geregelt. Der gerichtliche Vergleich ist gleichzeitig eine Prozeßhandlung, weil durch ihn *das anhängige* Verfahren prozessual beendet wird.

Eine Übernahme des gerichtlichen Vergleichs in das Beschlußverfahren kann nur dann zulässig sein, wenn die Beteiligten auch im Beschluß-

---

[47] a. M.: Dersch / Volkmar, 6. Aufl., § 84, Anm. 1; Herschel, BB 1953, S. 861 (862), die aus dem Fehlen einer Güteverhandlung auf die Unzulässigkeit eines gerichtlichen Vergleichs schließen.

[48] So Pohle, Festschrift, S. 186; Savaéte, ArbuR 1958, S. 265, 266.

[49] Der gerichtliche Vergleich wird weder in den Vorschriften des Arbeitsgerichtsgesetzes noch in der Zivilprozeßordnung näher erläutert. Er wird lediglich in mehreren Vorschriften des arbeitsgerichtlichen Urteilsverfahrens, so in den §§ 54, 57 ArbGG und in den auch für das arbeitsgerichtliche Urteilsverfahren geltenden §§ 81, 83, 160 Abs. 2 Nr. 1 und 794 Abs. 1 Nr. 1 ZPO als zulässig vorausgesetzt.

[50] So h. L. Vgl. BAG, AP, § 794 ZPO, Nr. 2; BGHZ 16, S. 388 (390); RGZ, JW 1937, S. 2228; Palandt / Thomas, § 779, Anm. 9; Stein / Jonas / Schönke / Pohle, § 794, Anm. II 2 d; Thomas / Putzo, § 794, Anm. II 1. Baumbach / Lauterbach, Anh. nach § 307, Anm. 2 A, der Literatur für auch gegenteilige Meinungen anführt.

verfahren zur Vornahme beider Handlungen, der materiell-rechtlichen und der prozessualen, befugt sind.

a) Materiell-rechtliche Voraussetzungen

Es ist daher zunächst zu prüfen, ob die Beteiligten im Beschlußverfahren imstande sind, sich über die strittigen Angelegenheiten des Verfahrens rechtlich wirksam zu einigen[51].

Im Beschlußverfahren haben die Gerichte die Aufgabe, das im Betriebsverfassungsgesetz festgelegte Ordnungsmodell zu verwirklichen. Eine vergleichsweise Übereinkunft der Beteiligten im Beschlußverfahren kann verfahrensrechtlich nur anerkannt werden, sofern sie mit dem im Betriebsverfassungsgesetz festgelegten Ordnungsmodell zu vereinbaren ist.

Fraglich ist, inwieweit die Beteiligten eine vom gesetzlichen Ordnungsmodell abweichende Regelung vereinbaren dürfen. Da das Betriebsverfassungsgesetz die Fälle ausdrücklich bestimmt, in denen Abweichungen zulässig sind, muß gefolgert werden, daß im übrigen die Regelungen des Betriebsverfassungsgesetzes für die betrieblichen Partner bindend sind[52].

Die weitgehende Einschränkung der Verfügungsbefugnis der Beteiligten soll am Beispiel der Vorschrift des § 40 Abs. 1 BetrVG — die für eine vergleichsweise Regelung herangezogen werden könnte — dargestellt werden. § 40 Abs. 1 BetrVG bestimmt, daß „der Arbeitgeber die durch die Tätigkeit des Betriebsrats entstehenden Kosten trägt". Da § 40 Abs. 1 BetrVG dem Betriebsrat einen Anspruch gewährt, läßt die Literatur in Anlehnung an die im arbeitsgerichtlichen und zivilprozessualen Urteilsverfahren geltende Rechtslage die Möglichkeit eines gerichtlichen Vergleichs zu[53].

Eine vergleichsweise Einigung zwischen Betriebsrat und Arbeitgeber widerspricht aber Grundsätzen des Betriebsverfassungsgesetzes[54].

---

[51] Vgl. BAG, AP, § 81 ArbGG, Nr. 8; Dietz, Personalvertretungsgesetz, § 76, Anm. 64; Pohle, Festschrift, S. 186; Schneider, AR-Blattei, Arbeitsgerichtsgesetz XII H. Sie alle nehmen ohne nähere Begründung an, daß die im Beschlußverfahren zu entscheidenden Angelegenheiten teilweise der Verfügungsmacht der Beteiligten unterliegen, teilweise ihrer Verfügungsmacht entzogen sind. BAG 15, S. 54 (56 ff.) verlangt, daß das Gericht selbst ermittelt, ob der „Streitgegenstand" durch den Vergleich substantiell erledigt ist. Nach Auffassung des BVerwG, AP, § 31 PersVG, Nr. 12, sind demgegenüber die Angelegenheiten des Beschlußverfahrens ganz der Verfügungsmacht der Beteiligten entzogen.

[52] Dietz / Richardi, § 1, Anm. 39; Fitting / Auffarth / Kaiser, § 1, Anm. 36; Galperin / Siebert, § 1, Anm. 43 - 55; Walter, BB 1953, S. 89 ff.

[53] *Kälker*, BB 1953, S. 389; Savaète, ArbuR 1958, S. 265.

[54] Vgl. Galperin / Siebert, § 39, Anm. 1 und 5: „Zu erstatten ist der wirkliche Aufwand." Dietz / Richardi, § 40, Anm. 3; GK / Wiese, § 40, Anm. 5.

Ein Vergleichsabschluß verstößt gegen § 40 BetrVG, wenn dem Betriebsrat weniger Kosten erstattet werden sollen, als ihm tatsächlich entstanden sind. Denn nach § 40 BetrVG gebühren dem Betriebsrat im Interesse seiner Funktionsfähigkeit Erstattung aller ihm entstandenen Kosten[55]. Sind ihm aber tatsächlich weniger Kosten entstanden, als im Vergleich vereinbart worden ist, würde der Vergleich gegen das in § 37 Abs. 1 BetrVG enthaltene Gebot verstoßen, daß der Betriebsrat sein Amt „unentgeltlich" auszuführen hat.

Die Prüfung der Zulässigkeit eines gerichtlichen Vergleichs hat sich auf die Fälle zu beschränken, in denen das Gesetz den Beteiligten ausdrücklich eine Verfügungsbefugnis zuerkennt.

Eine Übersicht über die in Betracht kommenden Angelegenheiten zeigt jedoch, daß in diesen Fällen eine von den gesetzlichen Bestimmungen abweichende Regelung nur auf Grund eines besonderen Formalaktes getroffen werden kann. In einigen Fällen ist ein kollektiver Beschluß erforderlich, wie bei einer von den gesetzlichen Vorschriften abweichenden Verteilung der Mitglieder des Betriebsrates auf die einzelnen Gruppen (§ 12 Abs. 1 BetrVG). Zum Teil kann eine Änderung nur durch einen Tarifvertrag oder eine Betriebsvereinbarung vorgenommen werden. Derartige Fälle sind gegeben, wenn die Errichtung einer Sondervertretung (§ 3 BetrVG) oder ein vom Gesetz abweichendes Vermittlungsverfahren (§ 76 BetrVG) erstrebt wird.

Auch in den Fällen, in denen den Beteiligten nach dem Betriebsverfassungsgesetz eine gewisse Verfügungsbefugnis zuerkannt wird, ist mithin ein gerichtlicher Vergleich nicht zulässig, da die Rechtswirkungen nur durch einen besonderen Formalakt erreicht werden können.

b) Prozessuale Voraussetzungen

Es erscheint auch zweifelhaft, ob eine vergleichsweise Einigung der Beteiligten die prozessualen Wirkungen haben könnte, die sie in den Verfahrensweisen hervorbringt, in denen das Rechtsinstitut des gerichtlichen Vergleichs anerkannt ist[56].

Die prozessuale Bedeutung des gerichtlichen Vergleichs liegt, wie eingangs erwähnt wurde, darin, daß durch die Einigung der Beteiligten das Verfahren prozessual beendet wird und dem aus der Einigung Berechtigten ein vollstreckbarer Titel verliehen wird.

Daß die Vollstreckungsfähigkeit ein wesentliches Merkmal des gerichtlichen Vergleichs ist, ist daraus zu ersehen, daß der Vergleich in

---

[55] Vgl. BAG, DB 1969, S. 1201.

[56] Vgl. Müller, Beschlußverfahren, S. 44.

allen Verfahrensordnungen, in denen er gesetzlich geregelt ist, für vollstreckbar erklärt worden ist[57]. Das gilt für die Zivilprozeßordnung in § 794 Abs. 1 Nr. 1, die Verwaltungsgerichtsordnung in § 168 Abs. 1 Satz 3, vor allem auch für gewisse Sonderverfahren der Freiwilligen Gerichtsbarkeit wie für § 16 Abs. 3 der Hausratsverordnung.

Fraglich ist jedoch, ob im Beschlußverfahren eine gerichtliche Einigung der Beteiligten für vollstreckbar erklärt werden könnte. Dagegen spricht eindeutig der Wortlaut des § 85 Satz 1 ArbGG, der Zwangsvollstreckung allein aus „rechtskräftigen Beschlüssen" zuläßt.

Zwar verweist § 85 Satz 2 ArbGG „für die Zwangsvollstreckung" darüber hinaus allgemein auf die „Vorschriften des 8. Buches der Zivilprozeßordnung". Die Vorschriften des 8. Buches regeln jedoch nicht nur das Vollstreckungsverfahren, sie bestimmen auch die für die Zwangsvollstreckung der Zivilprozeßordnung zulässigen Vollstreckungstitel, zu denen neben anderen nach § 794 Abs. 1 Nr. 1 ZPO „Vergleiche" gehören. Wenn der Regelung in Satz 1 jedoch nicht nur deklaratorische Bedeutung beigemessen werden soll, kann das Verhältnis von Satz 1 zu Satz 2 nur darin gesehen werden, daß im Beschlußverfahren die allgemeinen zivilprozessualen Vorschriften über die Zwangsvollstreckung mit der Einschränkung gelten sollen, daß allein aus „rechtskräftigen Beschlüssen" vollstreckt werden kann[58].

Der Zulässigkeit eines gerichtlichen Vergleichs im Beschlußverfahren steht mithin auch entgegen, daß er nicht mit dem wesentlichen prozessualen Merkmal der Vollstreckungsfähigkeit ausgestattet werden kann.

c) Einigung über tatsächliche Umstände

Da ein gerichtlicher Vergleich, wie er in den herkömmlichen Verfahrensweisen ausgestaltet ist, nicht mit dem System des Beschlußverfahrens vereinbart werden kann, ist zu fragen, ob die Gerichte dem Gütegedanken wenigstens dadurch Rechnung tragen dürfen, daß sie auf eine Einigung der Beteiligten über tatsächliche Umstände hinwirken.

Das angeführte Beispiel zu § 40 BetrVG hat gezeigt, daß eine vergleichsweise Einigung zwischen Betriebsrat und Arbeitgeber über die Höhe der vom Arbeitgeber zu erstattenden Kosten nicht anerkannt

---

[57] Vgl. Savaète, ArbuR 1958, S. 265, 266.

[58] So Dersch / Volkmar, 6. Aufl., § 84, Anm. 1; Dietz / Nikisch, § 80, Anm. 11; Dütz, ArbuR 1973, S. 356; Herschel, BB 1953, S. 863; Schneider, AR-Blattei, Arbeitsgerichtsbarkeit XII 3; Wiese, S. 111. a. M. Grunsky, § 80, Anm. 30; Kälker, BB 1953, S. 389; Pohle, Festschrift, S. 186; Savaète, ArbuR 1958, S. 266; Schnorr von Carolsfeld, S. 502. Die letztgenannten Autoren halten eine entsprechende Anwendung des § 794 Abs. 1 Nr. 1 ZPO im Beschlußverfahren für zulässig.

werden kann. Es stellt sich jedoch die Frage, ob die Beteiligten auf die gerichtliche Entscheidung mittelbar dadurch Einfluß nehmen können, daß sie sich beispielsweise über die Zahl der Fahrtkilometer einigen können, die der Betriebsrat in Ausübung seiner Amtstätigkeit mit dem privaten Fahrzeug zurückgelegt hat.

Aber auch eine Einigung über tatsächliche Umstände ist mit dem System des Beschlußverfahrens nicht zu vereinbaren, da den Beteiligten — wie bei der Darstellung des Verfahrensmodells ausgeführt — die Verfügung über den Verfahrensstoff weitgehend entzogen ist. Die Gerichte sind im angeführten Beispiel verpflichtet, von sich aus die ihnen vorgetragenen Angaben der Beteiligten auf ihre Richtigkeit hin zu überprüfen.

Zu einer Verständigung unter den Beteiligten können die Gerichte nur dadurch beitragen, daß sie die Beteiligten entsprechend § 139 ZPO in noch stärkerem Maße als im arbeitsgerichtlichen Urteilsverfahren über die rechtlichen Zusammenhänge der strittigen Angelegenheit aufklären. Da im Beschlußverfahren die tatsächlichen Umstände vom Gericht aufzuklären sind, setzt sich das Gericht durch eine umfangreiche Erörterung der tatsächlichen Umstände nicht wie im Urteilsverfahren, in dem es eine Partei nicht auf eine ihr günstige tatsächliche Begründung des Antrags aufmerksam machen darf[59], der Parteilichkeit aus. Die Gerichte sind im Beschlußverfahren ferner berechtigt, den Beteiligten Gelegenheit zu geben, sich auf ihre Rechtsauffassung einzustellen. Auf diese Weise können die Gerichte darauf hinwirken, daß eine gerichtliche Entscheidung vermieden wird, indem die Beteiligten das Streitverhältnis außergerichtlich beseitigen und der Antragsteller seinen Antrag zurückzieht. Einer Protokollierung der Einigung der Beteiligten steht nichts im Wege. Die Erklärungen der Beteiligten im Rahmen einer protokollierten Einigung sind, worauf die Beteiligten hinzuweisen sind, als eine Rückziehung des Antrags auszulegen.

5. Anerkenntnis, Verzicht

Im letzten Abschnitt, der sich mit der Frage der Dispositionsbefugnis der Beteiligten auseinandersetzt, soll die Zulässigkeit eines Anerkenntnisses oder Verzichts untersucht werden, die in den Vorschriften über das Beschlußverfahren nicht geregelt sind.

Auch hier stellt sich wiederum die Frage, ob die Regelungen in der Zivilgerichtsbarkeit (§§ 306, 307 ZPO), die gemäß § 46 Abs. 2 ArbGG im arbeitsgerichtlichen Urteilsverfahren entsprechend gelten, auch in das Beschlußverfahren übernommen werden können.

---

[59] Vgl. RGZ 109, S. 70.

Nach den §§ 306, 307 ZPO stehen Anerkenntnis und Verzicht inhaltlich in einem Gegensatz.

Anerkenntnis ist die vom Beklagten abgegebene Erklärung, daß der Anspruch des Klägers begründet sei. Im Falle des Verzichts erklärt demgegenüber der Kläger, daß er den erhobenen Anspruch aufgebe. Beide Erklärungen entbinden das Gericht von einer weiteren Prüfung des Sachverhalts, den die Parteien zur Stützung der von ihnen aufgestellten Rechtsfolgen vorgetragen haben[60].

Diese Rechtsinstitute widersprechen, wie die zuvor aufgezeigten, der Streitigen Gerichtsbarkeit eigentümlichen Dispositionsakte dem rechtssystematischen Aufbau des Beschlußverfahrens.

Da die Gerichte in Beschlußsachen das im Betriebsverfassungsgesetz vorgeschriebene betriebliche Ordnungsmodell verwirklichen sollen, sind sie stets zur Prüfung verpflichtet, ob die vom Antragsteller erstrebten Rechtsfolgen mit der vom Gesetzgeber bestimmten betrieblichen Ordnung zu vereinbaren sind[61].

Die Gerichte können daher an eine Anerkenntnis- oder Verzichtserklärung nicht gebunden sein, da sie sonst Gefahr laufen würden, durch ihre Entscheidung eine mit dem Betriebsverfassungsgesetz unvereinbare Rechtsfolge zu sanktionieren[62].

Während eine Anerkenntniserklärung prozessual unbeachtlich ist, erhebt sich die Frage, ob eine Verzichtserklärung als Antragsrückziehung ausgelegt werden kann (§ 133 BGB). Dafür spricht, daß der Antragsteller durch seine Verzichtserklärung zu erkennen gibt, daß er seinen Antrag nicht weiter verfolgen will[63].

B. Beschaffung der Entscheidungsgrundlage

In einer Untersuchung über die Ausgestaltung einer Verfahrensordnung ist die weitere Frage von Bedeutung, wer für die Richtigkeit und Vollständigkeit des den Entscheidungen zugrundezulegenden Tatsachenstoffs verantwortlich ist.

---

[60] Vgl. Baumbach / Lauterbach, Einf. zu §§ 306 ff., Anm. I A; Stein / Jonas / Pohle / Schönke, § 306, Anm. T 1; Thomas / Putzo, § 306 und 307, Anm. 1.

[61] So im Ergebnis Müller, Beschlußverfahren, S. 45.

[62] So im Ergebnis Pohle, Festschrift, S. 187. a. M. Grunsky, § 80, Anm. 30; Fenn, S. 138, soweit Beteiligte materiell verfügungsberechtigt sind.

[63] Nach Stein / Jonas / Schönke / Pohle, § 306, Anm. II 2, enthält § 635 ZPO eine allgemeine Auslegungsregel, wonach in der Verzichtserklärung eine Klagrücknahme zu sehen ist, falls der Verzicht aus rechtlichen Gründen ausgeschlossen ist. Diese Voraussetzung ist hier gegeben.

Nach den herkömmlichen Verfahrensordnungen kann eine Verfahrensordnung von dem Grundsatz bestimmt sein, daß — wie im zivilprozessualen und arbeitsgerichtlichen Urteilsverfahren — das Gericht auf die von den Parteien vorgebrachten Tatsachen als Grundlage seiner Entscheidung angewiesen ist (Verhandlungsgrundsatz)[64].

Eine Verfahrensordnung kann ferner in der Weise ausgestattet sein, daß — wie in den Verfahrensordnungen der Freiwilligen Gerichtsbarkeit (§ 12 FGG) und der Verwaltungsgerichtsbarkeit (§ 86 Abs. 1 VwGO) — das Gericht „von Amts wegen die zur Feststellung der Tatsachen erforderlichen Ermittlungen zu veranstalten und die geeignet erscheinenden Beweise aufzunehmen" hat (Untersuchungsgrundsatz).

Die Vorschriften über das Beschlußverfahren enthalten ausdrücklich keine Bestimmung, die den einen oder anderen Verfahrensgrundsatz für maßgeblich erklärt. Es wird daher zu klären sein, ob das Gericht oder die Beteiligten für die Richtigkeit und Vollständigkeit des der Entscheidung zugrundezulegenden Tatsachenstoffs „verantwortlich" sind.

I. Verantwortlichkeit für die Richtigkeit des Tatsachenstoffs

Für die Verpflichtung der Gerichte, die Richtigkeit des den Entscheidungen zugrundezulegenden Tatsachenstoffs zu überprüfen, spricht § 83 Abs. 3 ArbGG.

Danach können die Gerichte „zur Aufklärung des Sachverhalts" Urkunden einsehen, Auskünfte einholen, Zeugen und Sachverständige vernehmen sowie den Augenschein einnehmen.

Nach dem Wortlaut der Vorschrift sind die Gerichte nicht erst durch einen Antrag der Beteiligten zur Vornahme der genannten Aufklärungsmittel ermächtigt. § 83 ArbGG überläßt es dem Ermessen der Gerichte, ob sie den Vortrag der Beteiligten durch die gesetzlich genannten Aufklärungsmittel überprüfen.

Nach § 83 ArbGG entscheiden die Gerichte schließlich unabhängig von den Beweisangeboten der Beteiligten nach eigenem Ermessen, welche der angeführten Erkenntnismittel sie zur Aufklärung des Sachverhalts für erforderlich halten.

---

[64] Dieser Grundsatz wird allerdings abgeschwächt vor allem durch die Bestimmungen über die richterliche Aufklärungspflicht (§ 139 ZPO), die Anordnung des persönlichen Erscheinens (§ 141 ZPO), die Anordnung der Urkundenvorlegung (§ 142 ZPO), der Aktenvorlegung (§ 143 ZPO), der Augenscheinseinnahme und der Begutachtung durch Sachverständige (§ 144 ZPO) sowie über die Vernehmung der Beteiligten von Amts wegen (§ 448 ZPO).

§ 83 Abs. 3 ArbGG kann damit entnommen werden, daß die Gerichte die Richtigkeit des Sachverhalts festzustellen haben[65].

Auch § 84 ArbGG spricht für die Richtigkeit dieser Auffassung. Nach § 84 ArbGG beschließen die Gerichte „nach freier Überzeugung auf Grund des Ergebnisses des Verfahrens". Sie sind daher nicht wie die Gerichte im arbeitsgerichtlichen Urteilsverfahren nach § 286 ZPO „an den Inhalt der Verhandlungen", das heißt an das — auch übereinstimmende — Vorbringen, die Handlungen und Unterlassungen der Beteiligten gebunden[66].

II. Verantwortlichkeit für die Vollständigkeit des Tatsachenstoffs

Fraglich ist, ob die Gerichte auch für die Vollständigkeit des ihren Entscheidungen zugrundezulegenden Tatsachenstoffs zu sorgen haben.

Eine Verpflichtung der Gerichte, auch den entscheidungserheblichen Sachverhalt zu *ermitteln*, könnte den § 83 Abs. 1 Satz 1 ArbGG und § 83 Abs. 3 Satz 2 ArbGG entnommen werden.

Nach § 85 Abs. 1 Satz 1 ArbGG haben die Gerichte den „Arbeitgeber, die Arbeitnehmer" und die „im einzelnen Falle" nach den betriebsverfassungsrechtlichen Vorschriften „beteiligten Personen und Stellen" zu hören. Die „Pflicht zur Anhörung" (§ 83 Abs. 2 Satz 1 ArbGG) umfaßt, wie bei der Darstellung der Beteiligung im Beschlußverfahren ausgeführt wurde, alle am Verfahren Beteiligten, da andere als die in § 83 Abs. 1 Satz 1 ArbGG genannten Personen und Stellen nicht teilnahmeberechtigt sein können. Es stellt sich mithin die Frage, ob aus der Verpflichtung der Gerichte, alle Beteiligten zu hören, auf eine allgemeine Ermittlungspflicht geschlossen werden kann.

Gegen diese Auslegung des § 83 ArbGG spricht, daß nach der in den herkömmlichen Verfahrensweisen gebräuchlichen Terminologie eine „Anhörung" nicht der Ermittlung des Sachverhalts, sondern dem Schutze der Beteiligten dienen soll[67].

Daß die Anhörung nach § 83 ArbGG vorwiegend im Interesse der Beteiligten erfolgt, ergibt sich auch daraus, daß die Gerichte selbst dann zur Anhörung verpflichtet sind, wenn sie der Aussage im Interesse einer Ermittlung keine Bedeutung beimessen. Der Wortlaut des § 83 Abs. 1

---

[65] So auch h. M.; BAG, AP, § 18 BetrVG 1972, Nr. 3; Dersch / Volkmar, 6. Aufl., § 83, Anm. 6; Dietz / Nikisch, § 83, Anm. 34; Schneider, AR-Blattei, Arbeitsgerichtsbarkeit XII E V I; Bobrowski / Gaul, P III 2 b.

[66] Vgl. Wichmann, S. 204.

[67] Vgl. Lent / Habscheid, 4. Aufl., S. 121 ff.

Satz 1 ArbGG „sind ... zu hören“ besagt eindeutig, daß es auf eine vorherige Würdigung, ob eine Anhörung sinnvoll erscheint, nicht ankommt.

Es stellt sich die weitere Frage, ob aus § 83 Abs. 3 Satz 2 ArbGG für die Gerichte eine Verpflichtung hergeleitet werden kann, alle für die Entscheidung in Betracht kommenden Tatsachen zu ermitteln. Nach dem bereits zitierten § 83 Abs. 3 Satz 2 ArbGG können die Gerichte „zur Aufklärung des Sachverhalts“ zwar die in dieser Bestimmung einzeln aufgeführten Erkenntnismittel anwenden. „Aufklärung eines Sachverhalts“ nach § 83 Abs. 3 Satz 2 ArbGG bedeutet jedoch, daß ein bereits im Verfahren eingeführter Sachverhalt „klargestellt“ werden soll[68]. Diese Vorschrift verpflichtet nicht die Gerichte, durch eigene Untersuchungen innerhalb der Betriebe den für die Entscheidung erheblichen Tatsachenstoff zu ermitteln[69].

Im Beschlußverfahren gilt der Untersuchungsgrundsatz also nicht uneingeschränkt. Die Gerichte tragen die alleinige Verantwortung für die Richtigkeit des ihrer Entscheidung zugrundegelegten Tatsachenstoffs. Darüber hinaus sind sie zur Ermittlung neuen Tatsachenstoffs nicht befugt[70].

Die Begrenzung der gerichtlichen Aufklärungspflicht entspricht dem vom Gesetzgeber für das Beschlußverfahren bestimmten Verfahrensmodell. Mit dem Grundsatz, daß die Gerichte in Beschlußsachen nur durch die Ermächtigung der Beteiligten und auch nur im Rahmen dieser Ermächtigung handeln dürfen, wäre es nicht zu vereinbaren, wenn die Gerichte von sich aus ohne Bezugnahme auf das Vorbringen der Beteiligten neuen Streitstoff in das Verfahren einführen und dadurch neuen Zündstoff für Auseinandersetzungen unter den Beteiligten schaffen dürften.

Demgegenüber beruht die uneingeschränkte Ermittlungspflicht in der Freiwilligen Gerichtsbarkeit auf dem Interesse, das die Öffentlichkeit an der „Ordnung der zu entscheidenden Rechtsverhältnisse“ hat[71]. Die Gründe, die in der Freiwilligen Gerichtsbarkeit eine uneingeschränkte

---

[68] Vgl. Stein / Jonas / Schönke / Pohle, § 141, Anm. II 1.

[69] Vgl. RAG, ARS 12, S. 279 (281): „... Sache der Beteiligten, die für die Prüfung notwendigen Unterlagen dem Gericht zu unterbreiten“; BAG, AR-Blattei, Arbeitsgerichtsbarkeit XII, Entscheidungen Nr. 26 „... die für das Vorliegen eines Rechtsschutzinteresses sprechenden Umstände müssen vom Antragsteller vorgebracht werden“; BAG, SAE 1976, S. 231, mit Anm. von Steckel; ferner Dersch / Volkmar, 6. Aufl., § 86, Anm. 6; Auffarth / Schönherr, § 80, Anm. II 4; Galperin / Löwisch, vor § 1, Anm. 45; Dütz, SAE 1975, S. 258.

[70] So auch BAG 12, S. 244 (250); Wichmann, ArbuR 1973, S. 204; vgl. Etzel, AR-Blattei, Arbeitsgerichtsbarkeit VII A (III 1), wonach „dem Beschlußverfahren bezüglich Stoffsammlung Untersuchungsgrundsatz eigen ist“.

[71] Vgl. Schlegelberger, § 12, Anm. 1.

Ermittlungspflicht der Gerichte rechtfertigen, können daher für das Beschlußverfahren nicht gelten.

Die eingeschränkte Untersuchungspflicht der Gerichte wirkt sich im konkreten Verfahren wie folgt aus: In einem Wahlanfechtungsverfahren zum Beispiel ist das Gericht nicht verpflichtet, durch eigene Ermittlungen nach dem für die Begründetheit eines Antrags notwendigen Tatsachenmaterial zu forschen[72]. Das Gericht ist allerdings auf Grund der ihm vorgetragenen Tatsachen berechtigt, ein Wahlanfechtungsrecht auch auf eine vom Anfechtenden nicht geltend gemachte Begründung zu stützen. Dieser Anfechtungsgrund wird nicht durch das Gericht, sondern durch den Anfechtenden eingeführt, auch wenn er sich nicht ausdrücklich auf ihn beruft.

C. Form der Verhandlung

Zur Ausgestaltung einer Verfahrensordnung gehört auch die Frage, in welcher Form das Verfahren durchzuführen ist. Insbesondere ist zu klären, ob das Verfahren vom Grundsatz der Mündlichkeit oder der Schriftlichkeit beherrscht wird sowie ob und wie weit die Öffentlichkeit am Verfahren zu beteiligen ist.

I. Wahrung der Mündlichkeit

Inwieweit das Beschlußverfahren in mündlicher oder schriftlicher Form durchzuführen ist, läßt sich nicht unmittelbar dem Gesetz entnehmen.

Im Beschlußverfahren fehlen den §§ 128 ZPO, 46 Abs. 2 ArbGG vergleichbare Vorschriften, die den Grundsatz der Mündlichkeit vorschreiben.

Da nach § 83 Abs. 1 Satz 2 ArbGG im erstinstanzlichen Verfahren jedoch alle am Verfahren beteiligungsberechtigten Personen und Stellen stets „vor der Kammer zu hören“ sind, kann gefolgert werden, daß jedenfalls das Verfahren der ersten Instanz grundsätzlich in mündlicher Form durchzuführen ist[73].

[72] Vgl. hierzu BAG, DB 1969, S. 309; BVerwGE 5, S. 324. Nach BVerwG, NJW 1964, S. 786 (787), endet die Aufklärungspflicht des Gerichts dort, wo die „Mitwirkungspflicht“ der Beteiligten beginnt. So auch Grunsky, § 80, Anm. 36, Müller, Beschlußverfahren, S. 46.

[73] So Dersch / Volkmar, 6. Aufl., § 83, Anm. 3 b; Dietz, NJW 1953, S. 1498 (1492); ders., DRiZ 1954, S. 25, 28.

Der Grundsatz der Mündlichkeit muß auch für den zweiten Rechtszug gelten, da § 90 Abs. 2 ArbGG in den Vorschriften für die zweite Instanz generell auf § 83 ArbGG verweist[74].

Nach § 83 Abs. 1 Satz 2 — 2. Halbsatz — ArbGG „kann" das Gericht aber einem Beteiligten auch „schriftliche Äußerungen" gestatten. Indem es allen Beteiligten die Möglichkeit einer schriftlichen Äußerung gewährt, kann es sogar ein schriftliches Verfahren ermöglichen[75]. Insofern enthält das Beschlußverfahren eine ähnliche Regelung, wie sie § 128 Abs. 2 ZPO für den Zivilprozeß bestimmt, da auch nach dieser Bestimmung „mit Einverständnis der Parteien" das Gericht „eine Entscheidung ohne mündliche Verhandlung" treffen kann. Im arbeitsgerichtlichen Urteilsverfahren ist demgegenüber nach § 46 Abs. 2 ArbGG eine „Entscheidung ohne mündliche Verhandlung" nicht zulässig.

Die schriftliche Äußerung eines Beteiligten ist auch im Beschlußverfahren eine Ausnahme. Das ergibt sich bereits daraus, daß ihre Zulässigkeit erst durch die Kammer beschlossen werden muß.

Für den Vorrang der Mündlichkeit spricht auch die geschichtliche Entwicklung des § 83 ArbGG. Nach der alten Fassung des Arbeitsgerichtsgesetzes vom 13. 12. 1926 war es dem Vorsitzenden des Arbeitsgerichts noch freigestellt, ob die Beteiligten schriftlich oder mündlich gehört werden sollten. Aus der Änderung des Gesetzes wird deutlich, daß die schriftliche Anhörung zugunsten der Mündlichkeit eingeschränkt werden sollte.

Für den dritten Rechtszug ist die schriftliche Äußerung der Beteiligten unbeschränkt zugelassen[76]. Eine Verweisung auf § 83 ArbGG, wie sie § 90 Abs. 2 ArbGG für den zweiten Rechtszug vorsieht, fehlt in den Vorschriften über das Rechtsbeschwerdeverfahren.

Den Gerichten ist es jedoch auch im dritten Rechtszug gestattet, die Beteiligten mündlich zu hören[77]. Diese Möglichkeit eröffnet § 94 Abs. 2 ArbGG, der auf § 74 Abs. 2 ArbGG verweist, in dem die Voraussetzungen für die „Bestimmung eines Termins zur mündlichen Verhandlung" geregelt werden.

---

[74] So BAG, AP, § 83 ArbGG, Nr. 5.

[75] So Dietz, DRiZ 1954, S. 25, 28; Grunsky, § 80, Anm. 43. § 83 Abs. 1 Satz 2 — 2. Halbsatz — ArbGG bezieht sich zwar allein auf die sonstigen Beteiligten. Die Vorschriften über das Beschlußverfahren enthalten jedoch keine Bestimmung, daß für den Antragsteller etwas anderes gelten soll.

[76] Dersch / Volkmar, 6. Aufl., § 95, Anm. 1.

[77] Dersch / Volkmar, 6. Aufl., § 95, Anm. 1; Dietz / Nikisch, § 95, Anm. 17. Die Praxis hat die Anberaumung eines mündlichen Termins zur Regel gemacht.

II. Wahrung der Öffentlichkeit

Die Frage der Zulassung der Öffentlichkeit ist für den ersten Rechtszug in der Weise geregelt worden, daß — wie es § 80 Abs. 1 ArbGG bestimmt — die für den ersten Rechtszug des arbeitsgerichtlichen Urteilsverfahrens „maßgeblichen Vorschriften" über die Öffentlichkeit „entsprechend gelten". Eine inhaltlich gleiche Verweisung auf die Vorschriften des arbeitsgerichtlichen Urteilsverfahrens enthalten § 82 Abs. 2 ArbGG für den zweiten und § 92 Abs. 3 ArbGG für den dritten Rechtszug.

Die Verweisung auf die „maßgeblichen Vorschriften" des arbeitsgerichtlichen Urteilsverfahrens über die „Öffentlichkeit" bedeutet, daß für alle drei Instanzen des Beschlußverfahrens § 52 ArbGG entsprechend gilt (§§ 46 Abs. 2, 64 Abs. 3, 74 Abs. 4 ArbGG). § 52 ArbGG schreibt vor, daß die „Verhandlungen vor dem erkennenden Gericht einschließlich der Beweisaufnahme öffentlich" sind.

Es ist jedoch zu fragen, ob die nur „entsprechende" Anwendung des § 52 ArbGG bedeutet, daß die Zulassung der Öffentlichkeit im Beschlußverfahren in gewissen Grenzen von der Regelung im Urteilsverfahren abweichend gestaltet werden kann. In Betracht kommen Anhörungstermin und Beweisaufnahme.

1. Bereich der Öffentlichkeit

Hierbei stellt sich als erste Frage, welcher Personenkreis im Beschlußverfahren zur „Öffentlichkeit" zu rechnen ist.

Wie in den herkömmlichen Verfahrensordnungen, insbesondere auch im arbeitsgerichtlichen Urteilsverfahren, gilt, daß zur „Öffentlichkeit" diejenigen Personen gehören, die nicht „Subjekt" des Verfahrens sind. Zum Kreis der „Öffentlichkeit" gehören also alle Zuhörer, aber auch Zeugen und Sachverständige außerhalb ihrer Vernehmung.

Demgegenüber gehören die oft zahlreich auftretenden sonstigen Beteiligten nicht zur „Öffentlichkeit", selbst dann, wenn ihre Belange im Verfahren nur in geringem Umfang berührt werden[78].

Die Stellung der Beteiligten als „Subjekt" des Verfahrens ergibt sich aus dem vom Gesetzgeber entwickelten Verfahrensmodell. In den gesetzlichen Bestimmungen spiegelt sich diese Stellung der Beteiligten vor allem in ihrem Anspruch auf rechtliches Gehör wider.

---

[78] Vgl. RAG, ARS 12, S. 283, 284.

2. Möglichkeiten des Ausschlusses der Öffentlichkeit

Die Anwesenheit des zur „Öffentlichkeit" gehörenden Personenkreises kann im einzelnen Verfahren von den Beteiligten nicht gewollt sein.

Es ist daher zu fragen, ob bereits durch einverständlichen Verzicht aller Beteiligten die Öffentlichkeit ausgeschlossen werden kann.

§ 52 ArbGG sieht diese Möglichkeit nicht vor. Wie in den übrigen Verfahrensordnungen, in denen die Öffentlichkeit der Verhandlung gesetzlich vorgeschrieben ist, muß auch im Beschlußverfahren ein Verzicht hierüber als unzulässig angesehen werden, da durch die grundsätzliche Wahrung der Öffentlichkeit nicht allein dem Interesse der Beteiligten, sondern auch dem Interesse der Allgemeinheit an einer Kontrolle der Gerichte entsprochen werden soll[79].

Unter gewissen Umständen besteht jedoch ein Bedürfnis auf Ausschluß der Öffentlichkeit, insbesondere wenn schützenswerte betriebliche oder unternehmerische Interessen zum Gegenstand der Verhandlung gemacht werden sollen.

Diesem Bedürfnis nach Geheimhaltung hat der Gesetzgeber in § 52 Satz 2 ArbGG, der, wie eingangs dieses Abschnitts ausgeführt wurde, für das Beschlußverfahren entsprechend gilt, Rechnung getragen. Danach kann das Gericht die Öffentlichkeit für die ganze Verhandlung oder für einen Teil der Verhandlung „ausschließen", wenn durch die Öffentlichkeit — was im Beschlußverfahren seltener der Fall ist — „eine Gefährdung der öffentlichen Ordnung ... oder der Sittlichkeit zu besorgen" ist oder wenn eine Partei den Ausschluß der Öffentlichkeit beantragt, weil „Betriebs-, Geschäfts- oder Erfindungsgeheimnisse" zum Gegenstand des Verfahrens gemacht werden.

Eine Erläuterung der Begriffe „Betriebs-, Geschäfts- und Erfindungsgeheimnisse" findet sich im Arbeitsgerichtsgesetz nicht[80].

Die Begriffe „Betriebs-" und „Geschäftsgeheimnisse" lassen sich in der Weise abgrenzen, daß die „Betriebsgeheimnisse" sich auf die Organisation und Produktion eines Betriebes beziehen, während zum „Geschäftsgeheimnis" alle Fakten gehören, die die Stellung des Unternehmens im Wirtschaftsleben betreffen. Unter „Erfindungsgeheimnissen" sind schließlich alle auf eine Erfindung bezüglichen Umstände zu verstehen.

3. Verpflichtung zur Geheimhaltung

Die Aufdeckung von „Betriebs-, Geschäfts- und Erfindungsgeheimnissen" kann auch gegenüber denjenigen problematisch erscheinen, die

[79] Vgl. RGZ 157, S. 341 (347).

[80] Vgl. Dersch / Volkmar, 6. Aufl., § 52, Anm. 25; Dietz / Nikisch, § 52, Anm. 6.

vom Verfahren nicht ausgeschlossen werden dürfen. In Anbetracht der weiten Teilnahmeberechtigung im Beschlußverfahren kann der Personenkreis, der nicht zur Öffentlichkeit gehört, recht groß sein.

Zum Schutz der durch die Aufdeckung Betroffenen sieht das Arbeitsgerichtsgesetz in § 52 Satz 4 ArbGG, der auf § 174 Abs. 2 GVG verweist, die Möglichkeit vor, den anwesenden Beteiligten die Geheimhaltung bestimmter Tatsachen zur Pflicht zu machen.

Die entsprechende Anwendung des § 174 GVG im Beschlußverfahren führt jedoch zu der Frage, welche Tatsachen unter das Gebot einer Geheimhaltung fallen können.

Nach seiner Stellung im Gesetz bezieht sich § 174 Abs. 2 GVG auf § 172 GVG, der bestimmt, daß die Öffentlichkeit allein wegen Gefährdung „wichtiger Betriebs- und Geschäftsgeheimnisse" ausgeschlossen werden kann. Da das Gebot der Geheimhaltung nach § 174 GVG sich nur auf die Umstände erstreckt, deretwegen die Öffentlichkeit ausgeschlossen werden kann, bedeutet der Zusammenhang von § 174 GVG mit § 172 GVG, daß den Parteien nur die Geheimhaltung „wichtiger Betriebs- und Geschäftsgeheimnisse" auferlegt werden kann.

Da aber im Beschlußverfahren die Öffentlichkeit schon ausgeschlossen werden kann, wenn die Aufdeckung einfacher „Betriebs- und Geschäftsgeheimnisse" und darüber hinaus von „Erfindungsgeheimnissen" in der Verhandlung droht, fragt es sich, ob den Beteiligten die Geheimhaltung auch dieser Umstände zur Pflicht gemacht werden kann.

Für diese ausgedehnte Anwendung des § 174 GVG spricht, daß in § 52 ArbGG die Vorschrift des § 174 GVG nur „entsprechend" angewandt werden soll.

Eine entsprechende Anwendung des in § 174 GVG enthaltenen Rechtsgedankens bedeutet aber, daß das Gebot der Geheimhaltung auf all diejenigen Tatsachen erstreckt werden kann, deretwegen die Öffentlichkeit im Beschlußverfahren ausgeschlossen worden ist, also auch auf einfache Betriebs- und Geschäftsgeheimnisse sowie auf Erfindungsgeheimnisse[81].

Dabei ist zweifelhaft, ob und inwieweit eine Verletzung des Schweigegebots durch angedrohte Strafsanktionen verhindert werden kann. Art. 2 des Gesetzes vom 5. April 1888[82] stellt ausdrücklich nur eine Verletzung der „nach § 175 II GVG", der später die Nummer 176 erhielt, auferlegten Verpflichtungen unter Strafe. Strafrechtlich geahndet kann

[81] So Dietz / Nikisch, § 52, Anm. 9. Dersch / Volkmar, 6. Aufl., § 52, Anm. 37, lassen die Anordnung eines Schweigegebots bei Gefährdung eines „Geschäfts- oder Betriebsgeheimnisses" zu.

[82] RGBl. I, S. 133 (134).

daher allein ein Verstoß gegen eine gerichtlich angeordnete Verpflichtung zur Wahrung „wichtiger Geschäfts- und Betriebsgeheimnisse“ (172 GVG) werden. Eine Anwendung dieser Norm auf andere als die in § 174 II GVG angeordneten Tatbestände steht, da die Strafnorm ausdrücklich auf § 174 GVG Bezug nimmt, Art. 103 II GG entgegen, wonach eine Tat nur bestraft werden kann, wenn „die Strafbarkeit gesetzlich bestimmt war, bevor die Tat begangen wurde“. Der Wert der Anordnung eines Schweigegebots ist mithin zweifelhaft, wenn es sich nicht auf ein „wichtiges Betriebs- und Geschäftsgeheimnis“ bezieht, da nur diese Verpflichtung durch Sanktionen gesichert ist. Da eine Anordnung, deren Verletzung ohne Folgen bleibt, die Autorität des Gerichts schmälern würde, sollten daher die Gerichte vernünftigerweise — wie im zivilprozessualen Verfahren — den Beteiligten auch nur die Geheimhaltung „wichtiger Betriebs- und Geschäftsgeheimnisse“ zur Pflicht machen.

D. Beweisverfahren

Schließlich ist noch auf das Beweisverfahren einzugehen. Es wird zu klären sein, welche Grundsätze das Beweisverfahren beherrschen und welche Beweismittel die Gerichte zur Erforschung des Sachverhalts in Betracht ziehen dürfen.

I. Allgemeine Grundsätze

Es wurde bereits dargestellt, daß die Gerichte die Richtigkeit des im Verfahren vorgetragenen Tatsachenstoffs zu überprüfen haben. Die Gerichte sind verpflichtet, unabhängig von den Beweisangeboten der Beteiligten die ihnen notwendig erscheinenden Beweise zu erheben. Sie können selbst dann ein Beweisverfahren anordnen, wenn eine Behauptung von keinem der Beteiligten bestritten wird[83].

Kann ein Gericht die Wahrheit einer Behauptung nicht ermitteln, so darf es dieses Vorbringen nicht berücksichtigen. Es darf nicht die Entscheidung mit der Begründung verweigern, daß ein non-liquet vorliege. Nach § 84 Satz 1 ArbGG ist das Gericht verpflichtet, auf Grund des Ergebnisses des Verfahrens einen Beschluß zu fassen.

Hinsichtlich der Durchführung der Beweisaufnahme gilt die gleiche Regelung wie für das arbeitsgerichtliche Urteilsverfahren (§ 80 Abs. 2 ArbGG). Auf § 58 ArbGG, der für die Beweisaufnahme den Grundsatz der Unmittelbarkeit vorschreibt, wird gleich zweimal verwiesen, in § 80

[83] Vgl. Wichmann, ArbuR 1974, S. 12.

Abs. 2 ArbGG durch die allgemeine Verweisung auf die für das Urteilsverfahren „maßgeblichen Vorschriften über die Beweisaufnahme“ und in § 83 Abs. 3 Satz 1 ArbGG unmittelbar.

II. Aufklärungsmittel

Die im Beschlußverfahren im übrigen zulässigen Aufklärungsmittel werden in § 83 Abs. 3 Satz 2 ArbGG im einzelnen aufgezählt. Danach können „Urkunden eingesehen, Auskünfte eingeholt, Zeugen und Sachverständige vernommen und der Augenschein eingenommen werden“. Die in § 83 ArbGG genannten Aufklärungsmittel stimmen im wesentlichen mit denen überein, die in den herkömmlichen Verfahrensordnungen gelten. Zum Teil weisen sie jedoch Besonderheiten auf, die im folgenden näher untersucht werden müssen.

Es wird zu fragen sein, inwieweit sich die „Einsicht von Urkunden“ von dem im Urteilsverfahren zulässigen „Urkundenbeweis“ unterscheidet. Bei der Durchführung des Zeugenbeweises wird der Schwerpunkt auf der Frage der Gewährung des Zeugnisverweigerungsrechts liegen. Es ist darüber hinaus die Frage zu klären, ob das Zeugnisverweigerungsrecht — den Anforderungen des Betriebsverfassungsrechts entsprechend — im Beschlußverfahren eine eigene Ausprägung erfahren hat. Zum anderen wird zu prüfen sein, ob außer den in § 83 Abs. 3 Satz 2 ArbGG angeführten Beweismitteln weitere Beweise erhoben werden können. In diesem Zusammenhang ist die Frage zu beantworten, ob entsprechend der „Parteivernehmung“ im Urteilsverfahren auch eine „Beteiligtenvernehmung“ im Beschlußverfahren zulässig ist.

1. Einsicht von Urkunden

Als erstes Beweismittel wird in § 83 Abs. 3 Satz 2 ArbGG die Möglichkeit genannt, „Urkunden einzusehen“. Bei der Einsichtnahme von Urkunden sind die Gerichte nicht wie im Falle des Urkundenbeweises an bestimmte Beweiskraftsätze gebunden (§§ 415 ff. ZPO, 46 Abs. 2 ArbGG). Sie haben vielmehr alle Urkunden, öffentlicher oder privater Art, nach ihrer freien Überzeugung zu würdigen.

Fraglich ist, ob daneben auch ein Urkundenbeweis durchgeführt werden darf. Aus der Hervorhebung des Einsehens von Urkunden als Aufklärungsmittel in § 83 Abs. 3 Satz 2 ArbGG kann jedoch bereits gefolgert werden, daß neben diesem ein Urkundenbeweis nicht zulässig ist[84].

Gegen die Zulässigkeit des Urkundenbeweises im Beschlußverfahren spricht ferner, daß die Regeln über die Beweiskraft der Urkunden

---

[84] Dersch / Volkmar, 6. Aufl., § 83, Anm. 7.

— wie sie für den Urkundenbeweis gelten — die gerichtliche Aufklärungstätigkeit im Beschlußverfahren einengen und dadurch dem Grundsatz zuwiderlaufen würden, daß die Gerichte für die Richtigkeit des ihren Entscheidungen zugrundegelegten Tatsachenmaterials verantwortlich sind[85].

Auch hier wird wieder deutlich, daß der Gesetzgeber die Gerichte in Beschlußsachen ausschließlich zur Durchsetzung einer bestimmten, im Betriebsverfassungsgesetz vorgegebenen Ordnung einsetzen wollte. Die Bindung der Gerichte an die Beweiskraft auch unrichtiger Urkunden wäre systemfremd und würde diesem Ziel zuwiderlaufen.

2. Vernehmung von Zeugen

Für die Durchführung der *Zeugenvernehmung* gelten nach § 80 Abs. 2 ArbGG die Vorschriften des arbeitsgerichtlichen Urteilsverfahrens entsprechend, die wiederum in § 46 Abs. 2 ArbGG auf die Vorschriften der Zivilprozeßordnung (§§ 373 - 401 ZPO) verweisen.

Dabei fragt es sich, ob die Ausgestaltung des Zeugnisverweigerungsrechts im Urteilsverfahren den Bedürfnissen des Beschlußverfahrens genügt. Da die Vorschriften der Zivilprozeßordnung, die nach § 80 Abs. 2 ArbGG entsprechend anzuwenden sind, allein auf die Anforderungen bürgerlich-rechtlicher Streitigkeiten ausgerichtet sind, stellt sich die Frage, ob das Bedürfnis an einer Geheimhaltung, wie es sich aus dem Betriebsverfassungsgesetz ergibt, mit den Bestimmungen der Zivilprozeßordnung in Einklang gebracht werden kann.

Es wird zu prüfen sein, inwieweit sich die Mitglieder der betrieblichen Vertretungen, denen infolge ihres Amtes nicht nur betriebliche, sondern auch persönliche Angelegenheiten offenbart werden müssen, auf ein Zeugnisverweigerungsrecht berufen können.

a) Zeugnisverweigerungsrecht nach § 383 ZPO in Verbindung mit § 30 BetrVG

Ein Recht zur Zeugnisverweigerung könnte für die Angehörigen der Betriebsvertretungen aus § 383 Abs. 1 Nr. 5 ZPO abgeleitet werden. Nach § 383 Abs. 1 Nr. 5 ZPO wären sie zur Verweigerung ihrer Aussage berechtigt, wenn sie zu einem Personenkreis gehörten, dem kraft seines Standes Tatsachen anvertraut werden, „deren Geheimhaltung“ durch die „Natur oder durch gesetzliche Vorschriften geboten ist“.

Ein gesetzliches Gebot, wenigstens über den Inhalt der Beratungen zu schweigen, kann sich jedenfalls für die Mitglieder des Betriebsrats

---

85 Vgl. Flatow / Joachim, § 83, Anm. 6; and. Grunsky, § 83, Anm. 18.

aus § 30 BetrVG ergeben. Da nach § 30 BetrVG die „Öffentlichkeit" von den Sitzungen des Betriebsrats auszuschließen ist, könnte gefolgert werden, daß auch der Inhalt dieser Sitzungen nicht für die Öffentlichkeit bestimmt ist.

Es ist jedoch zweifelhaft, ob § 30 BetrVG den Angehörigen des Betriebsrats ein Schweigegebot auferlegen will. Nach ihrer Stellung im Gesetz regelt diese Vorschrift allein die Arbeit des Betriebsrats, nicht aber die Rechtsstellung seiner Mitglieder. Durch den Ausschluß der Öffentlichkeit soll erreicht werden, daß ein ungestörter Ablauf der Sitzungen gewährleistet wird und die einzelnen Sitzungsmitglieder nicht der Gefahr ausgesetzt werden, von außen beeinflußt zu werden[86].

Aus § 30 BetrVG kann mithin ein Geheimhaltungsgebot im Sinne des § 383 ZPO nicht abgeleitet werden[87].

b) Zeugnisverweigerungsrecht nach § 383 ZPO in Verbindung mit § 79 BetrVG

Ein gesetzliches Gebot zur Geheimhaltung könnte sich für die Angehörigen der Betriebsvertretungen ferner aus § 79 BetrVG ergeben[88]. § 79 BetrVG verpflichtet die Mitglieder und Ersatzmitglieder des Betriebsrats sowie die Mitglieder der in § 79 Abs. 2 BetrVG genannten weiteren Institutionen über „Betriebs- und Geschäftsgeheimnisse" zu schweigen, die ihnen wegen ihrer Zugehörigkeit zu ihren Vertretungen bekannt geworden und vom Arbeitgeber ausdrücklich als geheimhaltungsbedürftig bezeichnet worden sind. Nach § 79 BetrVG in Verbindung mit § 383 Abs. 1 Nr. 6 — 2. Alternative — ZPO kann sich mithin der genannte Personenkreis im Interesse des Arbeitgebers auf das Recht zur Zeugnisverweigerung berufen.

c) Zeugnisverweigerungsrecht für Mitglieder der Betriebsvertretungen über vertrauliche Angaben

Damit ist aber noch nicht die Frage beantwortet, ob sich die Mitglieder der Betriebsvertretungen auch in bezug auf andere als vom Arbeitgeber empfangene Mitteilungen auf ein Aussageverweigerungsrecht berufen können.

---

[86] Vgl. BAG, AP, § 23 BetrVG, Nr. 8; Meissinger, § 30, Anm. 2: „Der Betriebsrat darf nicht unter Belegschaftsterror gestellt werden."

[87] So für den gleichlautenden § 30 BRG, Mansfeld, § 30, Anm. 3. Vgl. ferner BAG, NJW 1968, S. 73: „Im allgemeinen besteht keine Pflicht der Betriebsratsmitglieder, über den Verlauf von Betriebsratssitzungen Stillschweigen zu bewahren."

[88] Vgl. Wochner, S. 1541 ff.

Da die gesetzlichen Bestimmungen ein über § 79 BetrVG hinausgehendes Schweigegebot nicht vorsehen, bleibt zu prüfen, ob sich die Mitglieder der Betriebsvertretungen gemäß der ersten Alternative des § 383 Abs. 1 Nr. 6 ZPO auf die Verweigerung des Zeugnisses über Mitteilungen, die ihnen kraft ihres Amtes anvertraut worden sind, berufen können, weil „deren Geheimhaltung durch die Natur geboten ist".

Für ein derartiges Geheimhaltungsgebot spricht die vom Gesetzgeber den Betriebsvertretungen eingeräumte funktionelle Stellung[89].

Stellung und Funktion der Betriebsvertretungen in ihrer Eigenschaft als Repräsentanten der Belegschaft bringen es nach dem Willen des Gesetzgebers mit sich, daß ihnen nicht nur betriebliche, sondern auch persönliche Angelegenheiten seitens des Arbeitgebers, der Arbeitnehmer oder von dritter Seite offenbart werden.

Wenn ein anderer als der Arbeitgeber aber es nicht wagen könnte, sich vertraulich an die Betriebsvertretungen zu wenden, blieben die betrieblichen Vertretungen ausschließlich auf die Mitteilungen des Arbeitgebers beschränkt.

Die Stellung der Betriebsvertretungen rechtfertigt es daher, daß die Mitglieder über alle Angelegenheiten, die sie kraft ihrer Vertrauensstellung wahrnehmen, nach der 1. Alternative des § 383 Abs. 1 Nr. 6 ZPO das Zeugnis verweigern dürfen[90].

Nach § 385 Abs. 2 ZPO müssen die Mitglieder der Betriebsvertretungen jedoch aussagen, wenn sie von ihrer Schweigepflicht befreit sind. Wirksam befreit sind sie allerdings erst dann, wenn alle Personen, die durch die Aussage in ihrem Vertrauen enttäuscht werden können, sie von ihrer Geheimhaltungspflicht entbunden haben[91].

3. Vernehmung von Beteiligten

Als letzte Frage bleibt zu klären, ob im Beschlußverfahren trotz des Schweigens des Gesetzes eine Vernehmung der Beteiligten zulässig ist.

Die Frage, ob die Beteiligten vernommen werden dürfen, erübrigt sich nicht schon dadurch, daß die Gerichte nach § 83 ArbGG berechtigt sind, die Beteiligten anzuhören[92]. Durch eine Anhörung soll den Beteiligten die Möglichkeit gegeben werden, vor Gericht ihre Rechte wahr-

---

89 Neumann-Duesberg, BB 1957, S. 718.

90 So Mansfeld, § 30, Anm. 3; Stein / Jonas / Schönke / Pohle, § 383, Anm. III 3 a, und § 384, Anm. I 3 a. *a. M.:* Wieczorek, § 383, Anm. C III e.

91 Vgl. OLG Celle, NJW 1955, S. 1844; Baumbach / Lauterbach, § 385, Anm. 2; Bischoff, ArbuR 1963, S. 202.

92 So aber Rewolle, ArbuR 1957, S. 257.

zunehmen[93]. Demgegenüber sollen sich die Gerichte durch eine Vernehmung das Wissen der Beteiligten zueigen machen können.

a) Vernehmung als Zeugen

Zu erwägen ist, ob die Beteiligten im Verfahren nach § 83 Abs. 3 Satz 2 ArbGG als Zeugen vernommen werden können[94].

Gegen die Behandlung der Beteiligten als Zeugen spricht jedoch, daß nach dem in allen Verfahrensordnungen gleichermaßen geltenden Begriff der „Zeugen" nicht derjenige Zeuge sein darf, dessen Belange im Verfahren geregelt werden[95]. Die Stellung als Zeuge und Partei wird durch ihr Interesse am Ausgang des Verfahrens bestimmt[96].

Da für das Beschlußverfahren gilt, daß Beteiligter nur derjenige sein kann, der durch die Entscheidung des Gerichts unmittelbar in seinem Zuständigkeitsbereich betroffen wird, kann ein Beteiligter wegen seines Interesses am Ausgang des Verfahrens nicht als Zeuge vernommen werden[97].

Die Auffassung derjenigen Autoren, die eine Vernehmung der Beteiligten als Zeugen in den Fällen zulassen wollen, in denen die Beteiligten „nicht unmittelbar vom Verfahren betroffen werden"[98], ist abzulehnen, weil sie ihrer Auffassung einen mit dem Beschlußverfahren unvereinbaren Beteiligungsbegriff zugrunde legen. Eine Vernehmung der Beteiligten als Zeugen ist mithin nicht zulässig.

Fraglich ist, ob die Mitglieder der betrieblichen Vertretungen als Zeugen vernommen werden dürfen, wenn die Vertretung selbst Beteiligte des Verfahrens ist. Diese Frage findet ihr Gegenstück in der Streitigen Gerichtsbarkeit, wenn eine Personenvielheit wie eine Offene Handelsgesellschaft oder Kommanditgesellschaft Partei des Rechtsstreits ist. Nach herrschender Auffassung in der Rechtsprechung und Literatur

---

93 Die Erklärungen der Beteiligten können allerdings auch im Rahmen freier Beweiswürdigung berücksichtigt werden.

Vgl. Pohle, Festschrift, S. 187, unter Hinweis auf § 141 Abs. 3 Satz 2 ZPO.

94 Bejahend RAG, ARS 12, S. 283, mit zust. Anm. von Gerstel. Beide jedoch ablehnend für diejenigen „Beteiligten, deren Belange das Verfahren unmittelbar zu regeln bestimmt" ist. Uneingeschränkt bejahend Dersch / Volkmar, § 83, 6. Aufl., Anm. 6 c. Pohle, Festschrift, S. 189, läßt eine Vernehmung als Zeugen bei „nicht unmittelbar vom Verfahren betroffenen Beteiligten" zu.

95 Rosenberg / Schwab, S. 666.

96 Eine klare Trennung ist auch im Hinblick auf die strafrechtlichen Folgen einer falschen Aussage geboten. Nach § 153 StGB ist nämlich nur die falsche Aussage eines Zeugen strafbar. Eine uneidliche falsche Behauptung einer Partei ist demgegenüber wegen der engen Beziehung der Partei zum Prozeß und des damit verbundenen Gewissenskonflikts nicht strafbar.

97 Vgl. BAG 2, S. 97 (98); Pohle, Festschrift, S. 189.

98 So RAG und Gerstel, ebd.; anders Lepke, BB 1977, S. 58.

können vertretungsberechtigte Gesellschafter einer offenen Handelsgesellschaft oder Komplementäre nicht in den Zeugenstand gerufen werden[99]. Der gleiche Gesichtspunkt, daß diejenigen nicht als Zeugen vernommen werden dürfen, die die Partei im Rechtsverkehr vertreten, hat auch für das Beschlußverfahren zu gelten. Da die betrieblichen Vertretungen nach dem Betriebsverfassungsgesetz nur durch die Gesamtheit ihrer Mitglieder die im Gesetz zugewiesenen Befugnisse, Pflichten und Zuständigkeiten ausüben[100], kann eine Vernehmung ihrer Mitglieder als Zeugen wegen der hierdurch gegebenen Interessenkollision nicht zugelassen werden.

b) Vernehmung als Beteiligte

Da die Anhörung der Beteiligten für das Gericht keinen Beweiswert hat, eine Vernehmung der Beteiligten als Zeugen nicht zulässig ist, stellt sich die weitere Frage, ob Beteiligte wie im Urteilsverfahren als Beteiligte „vernommen werden dürfen" (§ 445 ff. ZPO).

aa) Prüfung der Zulässigkeit

Gegen die Zulässigkeit einer Vernehmung könnte § 83 Abs. 3 Satz 2 ArbGG sprechen, weil diese Vorschrift ihrem Wortlaut nach die im Beschlußverfahren zulässigen Beweismittel erschöpfend aufzählen soll.

Fraglich ist jedoch, ob der Gesetzgeber eine „Vernehmung der Beteiligten" bewußt hat ausschließen wollen oder ob hier eine gesetzliche Lücke vorliegt.

Für eine Lücke spricht die geschichtliche Entwicklung des § 83 Abs. 3 Satz 2 ArbGG. Ein Vergleich des § 83 Abs. 3 Satz 2 ArbGG des geltenden Arbeitsgerichtsgesetzes mit § 83 Abs. 3 Satz 2 des Arbeitsgerichtsgesetzes vom 3. 9. 1926 zeigt, daß beide Fassungen wörtlich übereinstimmen. Die Identität des Wortlauts läßt auf eine bloße Übernahme des früheren Gesetzestextes in das geltende Arbeitsgerichtsgesetz schließen.

Bei Abfassung des Arbeitsgerichtsgesetzes des Jahres 1926 stellte sich aber das Problem einer Vernehmung der Beteiligten nicht, da dem deutschen Verfahrensrecht bis dahin die Vernehmung von Parteien oder Beteiligten fremd war. Bis zur Neufassung der Vorschriften der Zivilprozeßordnung über den Beweis durch Parteivernehmung (§§ 445 - 455 ZPO), die durch das Gesetz zur Änderung des Verfahrens in bürger-

[99] BGH, NJW 1965, S. 106; RGZ 82, S. 131 (133) sogar für die nicht vertretungsberechtigten Gesellschafter. Baumbach / Lauterbach, Übersicht § 373, Anm. 28; Fischer, § 124, Anm. 22; Rosenberg / Schwab, S. 210; Stein / Jonas / Schönke / Pohle, vor § 373, Anm. I 2; Weipert, § 24, Anm. 17.

[100] Die Mitglieder der betriebsverfassungsrechtlichen Institutionen sind in ihrer Gesamtheit Träger der Rechte und Pflichten ihrer Institutionen.

lichen Rechtsstreitigkeiten vom 27. 10. 1933[101] erfolgte, galt in den Verfahrensordnungen der damaligen Zeit allenfalls der Parteieid. Das Rechtsinstitut des Parteieides konnte aber in das Beschlußverfahren nicht übernommen werden, da die absolute Bindung des Gerichts an die durch den Parteieid bezeugte Tatsache mit dem Grundsatz nicht zu vereinbaren ist, daß im Beschlußverfahren das Gericht die Richtigkeit der entscheidungserheblichen Umstände zu überprüfen hat[102]. Indem der Gesetzgeber im Jahre 1953 bei der Neufassung des Arbeitsgerichtsgesetzes lediglich den Wortlaut des § 83 Abs. 3 Satz 2 ArbGG 1926 übernahm, stellte sich ihm die Frage der Zulässigkeit einer Vernehmung der Beteiligten im Beschlußverfahren nicht.

Wie sich aus dem umfangreichen Katalog der Aufklärungsmittel in § 83 ArbGG ergibt, hat sich jedoch der Gesetzgeber von dem Grundsatz leiten lassen, daß die Mittel zur Wahrheitsfindung möglichst umfassend offen stehen sollten[103].

Die Vernehmung der Beteiligten dient aber der Wahrheitsfindung der Gerichte in besonderem Maße, da im Beschlußverfahren der Kreis der am Verfahren Beteiligten sehr groß sein kann und die Beteiligten häufig die einzigen Personen sind, die aus eigenem Erleben Erklärungen über streitentscheidende Vorgänge abgeben können. Es kann daher angenommen werden, daß der Gesetzgeber auch die Vernehmung von Beteiligten für zulässig erklärt hätte, wenn sich diese in das System des Beschlußverfahrens einfügen läßt.

Gegen die Zulässigkeit der Beteiligtenvernehmung wird zwar geltend gemacht, daß das Beschlußverfahren kein kontradiktorisches Verfahren sei[104]. Die Vernehmung der Beteiligten zum Zwecke der Erkenntnisfindung ist jedoch anders als der Parteieid nicht ein typisches Beweismittel des streitigen Verfahrens. Das zeigt sich daran, daß die Vernehmung von Beteiligten in der Freiwilligen Gerichtsbarkeit[105] und der Bundesverfassungsgerichtbarkeit[106], auch soweit sie nicht streitig sind, für zulässig erachtet wird. In beiden Verfahrensordnungen wird die Vernehmung von Beteiligten als statthaft erachtet, obgleich sie auch

---

101 RGBl. I, S. 780, übernommen in der Fassung der ZPO vom 8. 11. 1933, RGBl. I, S. 821.

102 Vgl. oben 4. Teil, B., I. Ferner RAG, ARS 13, S. 119 (124); Flatow / Joachim, § 83, Anm. 6.

103 Pohle, Festschrift, S. 187.

104 So offenbar Rewolle, ArbuR 1957, S. 257: „Würde man § 448 ZPO zur Anwendung bringen, würde man sich zur Rechtsnatur des Beschlußverfahrens deshalb in einen nicht zu lösenden Widerspruch setzen, weil dieses Verfahren eben keine Parteien kennt."

105 Vgl. Keidel, JZ 1954, S. 564, und die dort zitierte umfangreiche Literatur; dagegen BGHSt 5, S. 112.

106 Lechner, § 26, Anm. 1 b.

hier vom Gesetzgeber ausdrücklich nicht anerkannt ist. Die Vernehmung der Beteiligten ist daher auch im Beschlußverfahren als Mittel der Erkenntnisfindung zuzulassen[107].

bb) Voraussetzungen der Vernehmung als Beteiligte

Für die Vernehmung der Beteiligten gelten die Vorschriften über die Vernehmung von Parteien in der Zivilprozeßordnung (§§ 445 ff. ZPO, 46 Abs. 2, 80 Abs. 2 ArbGG) entsprechend. Da jedoch im Beschlußverfahren die Gerichte anders als im Urteilsverfahren für die Richtigkeit des ihrer Entscheidung zugrundegelegten Sachverhalts verantwortlich sind, kommt den Vorschriften über die Beweislastverteilung (§§ 445, 447 ZPO) im Beschlußverfahren keine Bedeutung zu. Für das Beschlußverfahren gilt vielmehr der in § 448 ZPO zum Ausdruck gekommene Grundsatz entsprechend, nach dem das Gericht die „Vernehmung" von Beteiligten „anordnen" kann, wenn eine Klärung des Sachverhalts unter Ausschöpfung aller anderen Beweismittel nicht ausgereicht hat.

cc) Vereidigung der Beteiligten

Die Annahme der Zulässigkeit einer Beteiligten-Vernehmung im Beschlußverfahren wirft die weitere Frage auf, ob die Beteiligten ihre Aussagen zu beeidigen haben. Die Verweisung des § 83 Abs. 3 Satz 1 ArbGG auf § 56 Abs. 2 ArbGG, der die Vereidigung von Zeugen und Sachverständigen regelt, zeigt, daß der Eid als Mittel zur Aufklärung des Sachverhalts dem Beschlußverfahren nicht fremd ist.

In entsprechender Anwendung des § 452 Abs. 1 ZPO ist daher eine Vereidigung der Beteiligten als zulässig anzusehen, wenn das „Ergebnis der unbeeidigten Aussage ... nicht ausreicht, um das Gericht von der Wahrheit oder Unwahrheit der zu beeidigenden Tatsachen zu überzeugen"[108].

---

[107] So Pohle, Festschrift, S. 187; Schneider, AR-Blattei, Arbeitsgerichtsbarkeit XII E V.; Grunsky, § 83, Anm. 19, der auf die Nichtanwendbarkeit der §§ 445 - 449 ZPO wegen des im Beschlußverfahren geltenden Untersuchungsgrundsatzes verweist; Rohlfing / Rewolle, § 83, Anm. 19. *a. M.:* Dietz / Nikisch, § 83, Anm. 41, unter Hinweis auf RAG, ARS 13, S. 119, dessen Entscheidung sich jedoch auf den Parteieid bezieht.

[108] So Dersch / Volkmar, 6. Aufl., § 83, Anm. 6 c; Pohle, Festschrift, S. 186; Schneider, AR-Blattei, Arbeitsgerichtsbarkeit XII E V; Grunsky, § 83, Anm. 19; a. M. Dietz / Nikisch, § 83, Anm. 41; Müller, Beschlußverfahren, S. 38, bejaht die Möglichkeit der Vereidigung der Beteiligten „wie Zeugen" mit Ausnahme des „Antragstellers und Antraggegners".

Zusammenfassung

Nach ihrer Aufgabenstellung haben die Gerichte in Beschlußsachen die im Betriebsverfassungsgesetz festgelegte betriebliche Ordnung im Konfliktsfalle zu verwirklichen, um den Frieden innerhalb der Betriebe wiederherzustellen oder zu sichern. Zur Erfüllung der ihnen zugewiesenen Aufgaben werden die Gerichte rechtsprechend, regelnd oder verwaltend tätig. Um diese inhaltlich unterschiedlichen Tätigkeiten sachgerecht wahrnehmen zu können, ist vom Gesetzgeber ein Verfahrensmodell entwickelt worden, dessen Ausgestaltung sich teilweise an die Bestimmungen herkömmlicher Verfahrensordnungen, namentlich der Freiwilligen Gerichtsbarkeit, anlehnt, teilweise eigene, den besonderen Bedürfnissen des Beschlußverfahrens angepaßte Regelungen enthält:

— Danach sind die im Betriebsverfassungsgesetz genannten Personen und Stellen fähig, ohne Rücksicht auf ihre rechtliche Selbständigkeit am Beschlußverfahren beteiligt zu werden.

— Die Betriebsvertretungen sind vor Gericht in der gleichen Weise zur Vornahme von Handlungen befähigt, in der sie ihren Willen nach den gesetzlichen Bestimmungen auch außergerichtlich im betrieblichen Bereich bilden und kundtun.

— Die Berechtigung, am Verfahren beteiligt zu werden, bestimmt sich für die Antragsteller und die sonstigen Beteiligten gleichermaßen danach, ob sie durch die zur Entscheidung stehenden Angelegenheit in dem Bereich unmittelbar berührt werden, für dessen Gestaltung sie innerhalb der betrieblichen Ordnung nach den betriebsverfassungsrechtlichen Bestimmungen mitverantwortlich sind.

— In allen drei Verfahrenszügen ist eine Vertretung der Beteiligten durch Koalitionsvertreter und durch Rechtsanwälte uneingeschränkt zulässig. Die betrieblichen Vertretungen können sich allerdings durch Koalitionsvertreter nur vertreten lassen, wenn mindestens ein Mitglied der Betriebsvertretung der Koalition angehört.

— Die Verfügung über den Verfahrensgegenstand ist den Beteiligten weitgehend entzogen. Der Antragsteller bestimmt allerdings durch seinen Antrag den Gegenstand des Verfahrens. Der Antragsteller kann ferner in allen Instanzen durch Rückziehung seines Antrags dem Gericht die Ermächtigung für eine Entscheidung wieder entziehen. Ihm ist schließlich eine Änderung des Antrags im ersten und zweiten Rechtszug gestattet. Ein Vergleich, ein Anerkenntnis oder Verzicht ist im Beschlußverfahren nicht zulässig. Im Falle der Erledigung des Antrags hat der Antragsteller, wenn er wegen Fortfalls des Rechtsschutzinteresses eine abweichende Entscheidung vermeiden will, seinen Antrag wieder zurückzuziehen. In diesem Fall sollte das Gericht im Einstellungsbeschluß die tatsächlichen Umstände angeben, die zum Wegfall des Rechtsschutzinteresses geführt haben.

— Der Untersuchungsgrundsatz gilt nicht uneingeschränkt. Die Aufklärungspflicht der Gerichte erstreckt sich allein auf den von den Beteiligten vorgetragenen Tatsachenstoff. Darüber hinaus sind die Gerichte zur Ermittlung neuen Tatsachenmaterials nicht befugt.

— Anhörungstermine und Beweisaufnahmen im Beschlußverfahren sind öffentlich. Die Öffentlichkeit kann ausgeschlossen werden, wenn Betriebs-, Geschäfts- und Erfindungsgeheimnisse zum Gegenstand des Verfahrens gemacht werden. Den Beteiligten kann die Anwesenheit nicht verwehrt werden. Ihnen kann jedoch die Verpflichtung auferlegt werden, über Tatumstände, die die Aufdeckung eines Betriebs-, Geschäfts- oder Erfindungsgeheimnisses bewirken, zu schweigen.

— Auch im Beschlußverfahren ist eine eidliche Vernehmung der Beteiligten zulässig.

Literaturverzeichnis

Anschütz, Gerhard: Die Verfassung des Deutschen Reiches, 14. Auflage, Berlin 1933

Auffarth, Fritz / *Schönherr*, Rudolf: Arbeitsgerichtsgesetz, Loseblattsammlung, 2. Auflage, Berlin ab 1968

Barth, Heinrich: Gegenwartsprobleme der 3. Gewalt, DRiZ 1966, S. 105 ff.

Baumbach, Adolf: Arbeitsgerichtsgesetz, 3. Auflage, Berlin 1934

Baumbach, Adolf / *Lauterbach*, Wolfgang bearbeitet von *Albers*, Jan / *Hartmann*, Peter: Zivilprozeßordnung mit Gerichtsverfassungsgesetz und anderen Nebengesetzen, 35. Auflage, München 1977

Baur, Fritz: Freiwillige Gerichtsbarkeit, Tübingen 1955

Bischoff, Wolfgang: Schweigepflicht und Zeugnisverweigerungsrecht der Personalratsmitglieder, ArbuR 1963, S. 200 ff.

Bobrowski, Paul / *Gaul*, Dieter: Das Arbeitsrecht im Betrieb, 6. Auflage, Heidelberg 1970

Bötticher, Eduard: Abänderbarkeit und Rechtskraft im Funktionsbereich der Freiwilligen Gerichtsbarkeit, JZ 1956, S. 582 ff.

— Die Zuständigkeit der Einigungsstelle des § 70 Abs. 2 BetrVG in rechtsstaatlicher Hinsicht, Festschrift für Alfred Hueck, München—Berlin 1959, S. 149 ff.

— Regelungsstreitigkeiten, Festschrift für Friedrich Lent, S. 89 ff., München—Berlin 1957

Boldt, Gerhard: Die Prozeßvertretung vor den Arbeitsgerichten, RdA 1953, S. 401 ff.

Brändel, Claus: Einstweilige Friedensregelungen in kollektiven Arbeitsrechtsstreitigkeiten, Hamburg 1966

Brill, Werner: Der minderjährige Arbeitnehmer in der Rechtsprechung, BB 1976, S. 284 ff.

Depène, Hans: Arbeitsgerichtsgesetz, 2. Auflage, Berlin—Leipzig 1932

Dersch, Hermann / *Volkmar*, Erich: Arbeitsgerichtsgesetz, 4. Auflage, Mannheim—Berlin—Leipzig 1931; 5. Auflage, Mannheim—Berlin—Leipzig 1934; 6. Auflage, Berlin—Frankfurt 1955

Dietz, Rolf: Anmerkung zum Beschluß des Bundesarbeitsgerichts vom 3. 12. 1954, 1 AZR 381/54, AP, § 11 ArbGG, Nr. 7

— Betriebsverfassungsgesetz mit Wahlordnung, 4. Auflage, München—Berlin 1967; 5. Auflage, bearbeitet von *Reinhard Richardi*, München 1973

— Das neue Arbeitsgesetz, NJW 1953, S. 1489 ff.

— Die neue Arbeits- und Sozialgerichtsbarkeit, DRiZ 1954, S. 25 ff.

— Personalvertretungsgesetz, München—Berlin 1956

Dietz, Rolf / *Nikisch*, Arthur: Arbeitsgerichtsgesetz, München—Berlin 1954

Dütz, Wilhelm: Anmerkung zum Beschluß des BAG vom 10. 6. 1974, 1 ABR 23/73, SAE 1975, S. 258 ff.

— Verfahrensrecht der Betriebsverfassung, ArbuR 1973, S. 353 ff.

Elias, Otto: Arbeitsgerichtsgesetz, Dortmund 1927

Engelhard, Helmut / *Ballerstedt*, Gustav: Personalvertretungsgesetz für das Land Niedersachsen, Neuwied—Berlin 1961

Erdmann, Gerhard: Das Betriebsverfassungsgesetz, 2. Auflage, Neuwied 1954

Etzel, Gerhard: Probleme des arbeitsgerichtlichen Beschlußverfahrens, RdA 1974, S. 215 ff.

— Übersicht über das Verfahren bei den Gerichten in Arbeitssachen, AR-Blattei, Arbeitsgerichtsbarkeit VII A.

Fabricius, Fritz / *Kraft*, Alfons / *Thiele*, Wolfgang / *Wiese*, Günther: Betriebsverfassungsgesetz, Gemeinschaftskommentar, Neuwied—Berlin ab 1973

Feig, Johannes / *Sitzler*, Fr.: Betriebsrätegesetz, 13. und 14. Auflage, Berlin 1931

Fenn, Herbert: Anmerkung zum Beschluß des LAG Berlin vom 27. 10. 1975, 5 Ta BV 5/75, AP, § 89 ArbGG, Nr. 11

— Dispositions- oder Offizialmaxime im arbeitsgerichtlichen Beschlußverfahren, in: Festschrift für Gerhard Schiedermair, S. 117 ff., München 1976

Fischer, Robert: Handelsgesetzbuch, Großkommentar, 2. Band, 3. Auflage, Berlin 1967

Fitting, Karl: Das neue Arbeitsgerichtsgesetz, BArbBl. 1953, S. 572 ff.

Fitting, Karl / *Kraegeloh*, Walter / *Auffarth*, Fritz: Betriebsverfassungsgesetz, 8. Auflage, Berlin—Frankfurt 1968

Fitting, Karl / *Auffarth*, Fritz / *Kaiser*, Heinrich: Betriebsverfassungsgesetz, 12. Auflage, München 1977

Flatow, Georg / *Joachim*, Richard: Arbeitsgerichtsgesetz vom 23. 12. 1926, Berlin 1928

Flatow, Georg / *Kahn-Freund*, Otto: Kommentar zum Betriebsrätegesetz, 6. Auflage, Berlin 1920; 13. Auflage, Berlin 1931

Frauenkron, Karl-Peter: Das arbeitsgerichtliche Beschlußverfahren in betriebsverfassungsrechtlichen Streitigkeiten. Zuständigkeit und Beteiligte, Düsseldorf 1967

Frey, Erich: Ketzereien um das Betriebsverfassungsgesetz, ArbuR 1965, S. 333 ff.

Galperin, Hans: Anmerkung zum Beschluß des Arbeitsgerichts Lörrach vom 31. 3. 1954, ca. 159/54, BB 1954, S. 746.

— Anmerkung zum Beschluß des Bundesarbeitsgerichts vom 9. 9. 1975, SAE 1976, S. 202 ff.

Galperin, Hans / *Siebert*, Wolfgang: Kommentar zum Betriebsverfassungsgesetz, 4. Auflage, Heidelberg 1963

Galperin, Hans / *Löwisch*, Manfred: Kommentar zum Betriebsverfassungsgesetz, Band 1, Heidelberg 1975; Band 2, Heidelberg 1976

Geiger, Willi: Gesetz über das Bundesverfassungsgericht, Berlin—Frankfurt 1952

Gerstel: Anmerkung zum Beschluß des Reichsarbeitsgerichts vom 6. 6. 1931, RB 14/31, ARS 12, S. 286 ff.

Goldschmidt, Heinz: Arbeitsgerichtsgesetz, Berlin 1927

Gros: Allgemeine Einleitung in die Arbeitsgerichtsbarkeit, AR-Blattei, Arbeitsgerichtsbarkeit III

Grunsky, Wolfgang: Anmerkung zum Beschluß des Bundesarbeitsgerichts vom 17. 2. 1970, 1 ABR 14/69, SAE 1971, S. 24 ff.

— Grundlagen des Verfahrensrechts, 2. Auflage, Bielefeld 1974

— Kommentar zum Arbeitsgerichtsgesetz, München 1976

Habscheid, Walther Jakob: Der Streitgegenstand im Zivilprozeß und im Streitverfahren der Freiwilligen Gerichtsbarkeit, Bielefeld 1956

— Zum Streitverfahren der Freiwilligen Gerichtsbarkeit, JZ 1954, S. 689 ff.

Herschel, Wilhelm: Das Beschlußverfahren vor den Arbeitsgerichten, BB 1953, S. 861 ff.

Hueck, Alfred / *Nipperdey*, Hans Carl: Lehrbuch des Arbeitsrechts, 1. Band, 7. Auflage, Berlin—Frankfurt 1963; 2. Band, 7. Auflage, 1. Halbband Berlin—Frankfurt 1966, 2. Halbband Berlin—Frankfurt 1970

Jacobi, Erwin: Grundlehren des Arbeitsrechts, Leipzig 1927

Kälker, Georg: Zum Verfahren bei Streitigkeiten aus der Betriebsverfassung, BB 1953, S. 389 ff.

Kaskel, Walter: Arbeitsrecht, 3. Auflage, Berlin 1928; 5. Auflage, bearbeitet von *Hermann Dersch*, Berlin—Göttingen—Heidelberg 1957

Kauffmann, Herrmann: Das Beschlußverfahren nach dem neuen Arbeitsgerichtsgesetz, ArbuR 1954, S. 1 ff.

Keidel, Theodor: Die Beeidigung Beteiligter im Verfahren der Freiwilligen Gerichtsbarkeit, JZ 1954, S. 564 ff.

Keidel, Theodor / *Winkler*, Karl: Freiwillige Gerichtsbarkeit, 10. Auflage, München 1972 - 1975

Kitzelmann, Reinhard: Probleme des arbeitsgerichtlichen Beschlußverfahrens und Vorschläge zur Änderung einiger Vorschriften des Arbeitsgerichtsgesetzes, RdA 1976, S. 331 ff.

Kny, Lothar: Die Arbeitsgerichtsbehörden, Berlin 1928

König: Der Beweis, AR-Blattei, Arbeitsgerichtsbarkeit VII

Kötter: Anmerkung zum Beschluß des Bundesarbeitsgerichts vom 24. 5. 1957, 1 ABR 4/56, AP, § 76 BetrVG 1972, Nr. 7

Küchenhoff, Günther: Anmerkung zum Beschluß des Bundesarbeitsgerichts vom 17. 7. 1964, 1 ABR 3/64, AP, § 80 ArbGG, Nr. 3

Lechner, Hans: Bundesverfassungsgerichtsgesetz, 3. Auflage, München—Berlin 1973

Lent, Friedrich / *Habscheid*, Walther J.: Freiwillige Gerichtsbarkeit, 6. Auflage, München—Berlin 1977

Lent, Friedrich / *Jauernig,* Othmar: Zivilprozeßrecht, 18. Auflage, München 1977

Lepke, Achim: Der Vergleich im arbeitsgerichtlichen Beschlußverfahren, DB 1977, S. 629 ff.

— Die Antragsbefugnis im arbeitsgerichtlichen Beschlußverfahren, ArbuR 1973, S. 107 ff.

— Probleme der Abgabe zwischen dem Urteils- und Beschlußverfahren im Verfahren vor den Gerichten in Arbeitssachen, RdA 1974, S. 226 ff.

— Rechtschutzinteresse, Antragsrücknahme und Erledigung der Hauptsache im arbeitsgerichtlichen Beschlußverfahren, DB 1975, S. 1938 ff., DB 1975, S. 1988 ff.

— Zur Rechtsstellung der betrieblichen Einigungsstelle, insbesondere im arbeitsgerichtlichen Beschlußverfahren, BB 1977, S. 49 ff.

Leser, Heinrich: Arbeitsgericht und Einigungsstelle (Zur Abgrenzung ihrer Zuständigkeiten in betriebsverfassungsrechtlichen Streitigkeiten), ArbuR 1955, S. 19 ff.

Mansfeld, Werner: Betriebsrätegesetz, 3. Auflage, Mannheim—Berlin—Leipzig 1930

Maus, Wilhelm: Handbuch des Arbeitsrechts, Loseblatt-Ausgabe, ab 1948

Meissinger, Hermann: Betriebsverfassungsgesetz, München 1952

Mendigo, Hermann: Anmerkung zum Beschluß des Arbeitsgerichts Lörrach vom 31. 3. 1954, ca. 159/54, ArbuR 1954, S. 256

Molitor, Erich: Bundespersonalvertretungsgesetz, 2. Auflage, Berlin—Frankfurt 1958

Müller, Gerhard: Die Ausformung des arbeitsgerichtlichen Beschlußverfahrens durch die Rechtsprechung des Bundesarbeitsgerichts. Das Arbeitsrecht der Gegenwart, Berlin 1971, S. 23 ff.

— Zur Prozeßvertretung vor den Gerichten in Arbeitssachen, ArbuR 1954, S. 5 ff.

Neumann-Duesberg, Horst: Anmerkung zum Beschluß des Bundesarbeitsgerichts vom 8. 12. 1961, 1 ABR 8/60, AP, § 23 BetrVG 1952, Nr. 7

— Anmerkung zum Beschluß des Bundesarbeitsgerichts vom 18. 4. 1967, 1 ABR 10/66, AP, § 63 BetrVG 1952, Nr. 3

— Betriebsverfassungsrecht, Berlin 1960

— Die Schweigepflicht des Betriebsrates und Personalrates, BB 1957, S. 715 ff.

Nikisch, Arthur: Arbeitsrecht, 1. Bd. 1. Auflage Tübingen 1936, 2. Bd. 1. Auflage Tübingen 1955; 1. Bd. 2. Auflage Tübingen 1955, 2. Bd. 2. Auflage Tübingen 1959, 3. Bd. 2. Auflage Tübingen 1966; 1. Bd. 3. Auflage Tübingen 1961

— Der Streitgegenstand im Zivilprozeß, Tübingen 1935

— Zivilprozeßrecht, 2. Auflage, Tübingen 1952

Ordemann, Hans-Joachim: Zum Antragsrecht der Gewerkschaften im arbeitsgerichtlichen Beschlußverfahren, RdA 1958, S. 412 ff.

Palandt, Otto / *Bassenge,* Peter u. a.: Bürgerliches Gesetzbuch, 36. Auflage, München—Berlin 1977

Peters: Das echte Streitverfahren im Bereich der Freiwilligen Gerichtsbarkeit, MDR 1952, S. 137 ff.

Pohle, Rudolf: Anmerkung zum Beschluß des Bundesarbeitsgerichts vom 21. 6. 1957, 1 ABR 1/56, AP, § 81 ArbGG, Nr. 2

— Anmerkung zum Beschluß des Bundesarbeitsgerichts vom 14. 11. 1958, 1 ABR 4/58, AP, § 81 ArbGG, Nr. 6

— Zweifelsfragen des neuen Beschlußverfahrens in Arbeitssachen, Festschrift für Friedrich Lent, S. 175 - 191, München—Berlin 1957

Reuscher, Fedor: Zur Wiedereinführung eines Beschlußverfahrens in „Betriebsstreitigkeiten", BB 1949, S. 421 ff.

Rewolle, Hans-Dietrich: Der Beteiligte im Beschlußverfahren ist weder Partei noch Zeuge, ArbuR 1957, S. 273 ff.

— Die Rücknahme des Antrags im Beschlußverfahren in der Beschwerde- und Rechtsbeschwerdeinstanz, ArbuR 1959, S. 174 ff.

Richardi, Reinhard: Anmerkung zum Beschluß des Bundesarbeitsgericht vom 5. 2. 1971, 1 ABR 25/70, AP, § 94 ArbGG, Nr. 5

Rohlfing, Theodor / *Rewolle,* Hans-Dietrich: Arbeitsgerichtsgesetz, Loseblattsammlung, Frankfurt 1954

Rosenberg, Leo / *Schwab,* Karl-Heinz: Lehrbuch des Deutschen Zivilprozeßrechts, 12. Auflage, München 1977

Samter, M. K.: Kommentar zum Arbeitsgerichtsgesetz, Leipzig 1927

Savaète, Eugen: Der Vergleich in arbeitsrechtlichen Streitfällen, ArbuR 1958, S. 257 ff.

— Die verfahrensrechtlichen Änderungen im neuen Arbeitsgerichtsgesetz, ArbuR 1954, S. 234 ff.

Schieler, Rudolf: Justiz und Öffentlichkeit, DRiZ 1967, S. 228 ff.

Schlegelberger, Franz: Die Gesetze über die Angelegenheiten der Freiwilligen Gerichtsbarkeit, 1. Band, 7. Auflage, Berlin—Köln 1957

Schneider, Karl: Das Beschlußverfahren, AR-Blattei, Arbeitsgerichtsbarkeit XII

Schnorr von Carolsfeld, Ludwig: Arbeitsrecht, 2. Auflage, Göttingen 1954

Schwab, Karl-Heinz: Der Streitgegenstand im Zivilprozeß, München—Berlin 1954

Siebert, Wolfgang: Beiträge zum System des geltenden Arbeitsrechts, RdA 1959, S. 167 ff.

Söllner, Alfred: Arbeitsrecht, 5. Auflage, Stuttgart—Berlin—Köln—Mainz 1976

Stege, Dieter / *Weinspach,* F. K.: Betriebsverfassungsgesetz, 2. Auflage, Köln 1975

Stein, Friedrich / *Jonas,* Martin / *Schönke,* Adolf / *Pohle,* Rudolf: Die Zivilprozeßordnung für das Deutsche Reich, Band 1 und 2, 19. Auflage, Tübingen 1964/1969; Band 1, 20. Auflage, bearbeitet von *Wolfgang Grunsky* u. a., Tübingen 1977

Stoehsel, Theodor: Das Arbeitsgerichtsgesetz, Ansbach 1927

Thomas, Heinz / *Putzo,* Hans: Zivilprozeßordnung, 9. Auflage, München—Berlin 1977

Thon, Kurt: Bildung, Zusammensetzung und Auflösung des Wirtschaftsausschusses, ArbuR 1953, S. 257 ff.

Wach, Adolf: Handbuch des deutschen Zivilprozeßrechts, Leipzig 1885

Walter, Bernhard: Betriebsverfassungsgesetz und tarifliche Praxis, BB 1953, S. 89 ff.

Weipert, Otto: Handelsgesetzbuch, Großkommentar, 2. Band, 2. Auflage, Berlin 1950

Wichmann, Fritz: Die Offizialmaxime im arbeitsgerichtlichen Beschlußverfahren, ArbuR 1973, S. 202 ff.

— Über das Rechtsschutzinteresse im arbeitsgerichtlichen Beschlußverfahren, ArbuR 1974, S. 10 ff.

Wieczorek, Bernhard: Zivilprozeßordnung und Nebengesetze auf Grund der Rechtsprechung, Band 1 und 2, 2. Auflage, Berlin 1976; Band 3 und 5, Berlin 1957; Band 4, Berlin 1958

Wiese, Günther: Anmerkung zum Beschluß des Bundesarbeitsgerichts vom 6. 11. 1973, 1 ABR 26/73, AP, § 37 BetrVG 1972, Nr. 6

— Das arbeitsgerichtliche Beschlußverfahren, Kiel 1954

Windscheid, C.: Anmerkung zum Beschluß des Bundesverwaltungsgerichts, II Co 1/57, ZBR 1958, S. 27 ff.

Wochner, Manfred: Die Geheimhaltungspflicht nach § 79 BetrVG und ihr Verhältnis zum Privatrecht, insbesondere Arbeitsvertragsrecht, BB 1976, S. 1541 ff.

Woltereck: Der Gewerkschaftsbeitritt Minderjähriger, ArbuR 1965, S. 263 ff.

FSC
www.fsc.org
MIX
Papier | Fördert
gute Waldnutzung
FSC® C083411

Kolibri 360 GmbH
Ferdinand-Jühlke-Straße 7
99095 Erfurt, Deutschland
produktsicherheit@kolibri360.de

Druck:
CPI Druckdienstleistungen GmbH
im Auftrag der
Kolibri 360 GmbH
Ferdinand-Jühlke-Str. 7
99095 Erfurt